Cyhoeddiadau
Barddas

Argraffiad cyntaf 2014

ISBN 978-1906-396-68-8

Cyhoeddwyd gyda chymorth ariannol Cyngor Llyfrau Cymru.

Cyhoeddwyd gan Gyhoeddiadau Barddas
Argraffwyd gan Y Lolfa, Tal-y-bont

Cynnwys

Rhagarweiniad

Pan gafodd cofiannydd cyntaf Dylan Thomas, Constantine FitzGibbon, gais i ysgrifennu llyfr amdano yn ystod y 1960au, nid oedd yn credu fod yna ddigon o ddeunydd i gyfiawnhau cyfrol o'r fath. Ganrif ers geni'r bardd, mae ei stori wedi llenwi degau, os nad cannoedd, ohonyn nhw. Yn 2014, bydd ei fywyd a'i waith yn cael eu dathlu nid yn unig rhwng cloriau llyfrau, ond ar deledu a radio, ar lwyfan, ar gân, mewn opera, yn weledol, trwy drydar, a thrwy ffotograffau a *jazz*. Mae ei gartrefi cyntaf ac olaf yn atyniadau prysur i dwristiaid. Mae pob arteffact o'i fywyd yn drysor gwerthfawr, yn academaidd ac yn ariannol. Cyn diwedd y flwyddyn, mae'n debyg na fydd fawr neb ar ôl yng Nghymru na fydd wedi dysgu rhywbeth am yr enwocaf o holl lenorion y wlad.

Ond, hyd yma, nid yw ei hanes wedi'i adrodd yn llawn yn y Gymraeg. Na, nid llenor Cymraeg oedd Dylan: mae'n amheus a oedd ganddo fwy nag ychydig eiriau o Gymraeg, er ei fod fel plentyn a fagwyd yn y capel yn gallu ei morio hi wrth ganu 'Calon Lân' yn y dafarn. (Gwyddai hefyd fel un o selogion y dafarn sut i ddweud 'go and eff your Grandmother' yn iaith y nefoedd.)[1] Ond mae'r ffaith iddo godi o'r Gymru Gymraeg yn gwbl allweddol i'w hanes. Fel y dywed ei gyfaill a'i gyd-lenor Glyn Jones, 'some of the Anglo-Welsh in fact are Anglo only by the skin of their teeth',[2] ac mae hynny'n wir yn achos Dylan Thomas. Cymry, a Chymry Cymraeg pe bai'n dod i hynny, oedd pob un o'i hynafiaid. Nid Dylan fyddai Dylan oni bai am ei gefndir, ac roedd yr iaith Gymraeg yn rhan bwysig iawn o'r cefndir hwnnw.

Roedd bywyd Dylan ar sawl ystyr yn gwbl annodweddiadol ac anarferol i fardd o Gymru. Enillodd enwogrwydd yn yr Unol Daleithiau a bu'n troi ymhlith rhai o sêr mwyaf yr ugeinfed ganrif o fyd y celfyddydau ac o fyd adloniant: Igor Stravinsky ac Arthur Miller, Marilyn Monroe a Charlie Chaplin. Cafodd ei glodfori gan feirniaid yn Lloegr fel bardd gorau ei genhedlaeth. Gwerthodd ei lyfrau a recordiau ohono'n darllen ei waith yn eu miloedd ar ddau gyfandir. Na, nid bywyd Cymro cyffredin a gafodd. Ond eto, mae cymaint yn ei stori, yn hanes ei deulu yn arbennig, sydd *yn* nodweddiadol o hanes y Cymry. Roedd ei hen ewythr Gwilym Marles – cafodd Dylan ei enw canol Marlais yn deyrnged iddo – yn ffigwr amlwg yn ail hanner y bedwaredd ganrif ar bymtheg, a bu'n chwarae rhan flaenllaw yn hanes gwleidyddol a chrefyddol y cyfnod. Mae'n destun rhwystredigaeth i'r darllenydd Cymraeg sydd â diddordeb yn Dylan Thomas na all y cyfrolau Saesneg ond crynhoi hanes Gwilym Marles mewn ychydig frawddegau neu baragraffau. Mae'r llyfr hwn yn tynnu ynghyd rywfaint o'r ymchwil a wnaed ar ei hanes yn y gorffennol ac yn trafod ei waith llenyddol.

Yn achos aelodau eraill o deulu Dylan, rydym yn gweld effaith rhai o'r newidiadau mawrion ddaeth i ran y Cymry yn y cyfnod hwnnw.

Dylanwad y rheilffyrdd, Anghydffurfiaeth, ehangu addysg (a honno'n addysg Saesneg), sefydlu Prifysgol Cymru, dylanwad yr ysgolion gramadeg, y symudiad o'r wlad i'r dref, twf yr iaith Saesneg a dirywiad y Gymraeg: maen nhw i gyd yn chwarae'u rhan wrth i ni adrodd hanes un dyn arbennig o Abertawe.

Penderfynodd rhieni Dylan beidio â dysgu eu mamiaith nhw i'w mab. Mae'r cwestiwn *Pam?* yn un hollbwysig i ni'r Cymry Cymraeg; ac i'r rheiny ohonom sydd am weld parhad yr iaith, ganrif wedi geni Dylan Thomas, dylem oedi i ystyried rhesymau D. J. a Florence Thomas, a miloedd o'u cyd-Gymry, dros fagu eu plant yn uniaith Saesneg. Cenhedlaeth Dylan Thomas oedd y genhedlaeth gyntaf o Gymry i'w geni i wlad ddwyieithog, lle roedd y Gymraeg yn iaith leiafrifol, a chafodd ei gollwng ar aelwydydd fel Glanrhyd, cartref Dylan, yn frawychus o sydyn.

Dagrau pethau yw ei bod erbyn heddiw yn bosib byw yng Nghymru: yn Abertawe, yn sir Gaerfyrddin, ym mhobman bron, heb ddod i gysylltiad o gwbl â'r iaith Gymraeg, ac eithrio ambell arwydd ffordd hwyrach. Nid felly yr oedd hi yng Nghymru Dylan Thomas, ac mae ei lythyron a'i ryddiaith yn llawn cyfeiriadau at yr iaith ac at ei gysylltiad â hi. Bydd y llyfr hwn yn rhoi sylw arbennig i'r cyfeiriadau hynny. Yn ôl llawer o'i gyfeillion, byddai wedi hoffi siarad Cymraeg, ond nid oedd yn un i ymdrechu i ddysgu fawr ddim fel oedolyn. Yn ôl cyfaill arall, roedd y ffaith *na* siaradai'r genhedlaeth hon yr iaith ynddi'i hun yn ffactor pwysig. Dyma farn y nofelydd John Prichard, mewn sgwrs radio ar y cyd â Dylan Thomas a ffigyrau blaenllaw eraill o fyd y celfyddydau yn Abertawe:

undoubtedly it is a strange experience to grow up in almost total ignorance of the language one has been accustomed to hear at home and in the streets, one's native language. And it is an experience which possibly tends to develop a peculiar sensitivity to language. Could this be the reason why so many Welshmen of our generation have such an absorbing interest in the English language?[3]

Beth am ei enw? Go brin y byddai'r gwŷr bonheddig Iorwerth, Ebenezer, na Jones, na miloedd o fechgyn eraill – heb sôn am Robert Zimmerman – yn Ddylaniaid oni bai i D. J. Thomas godi'r enw o Bedwaredd Gainc y Mabinogi ym mis Hydref 1914. Cyn hynny roedd yr enw'n gwbl anghyfarwydd, ac roedd dewis y tad yn achos pryder i'r fam – a fyddai pobl yn ei alw'n 'dull one'?[4] Mae'r ynganiad wedi achosi straen rhwng y Cymry Cymraeg a'r di-Gymraeg fyth oddi ar hynny. Gŵyr pob un sy'n darllen y geiriau hyn, yn yr iaith hon, sut mae ynganu'r enw'n gywir. Mae 'Dillon' yn merwino'r glust. Ond dyna sut y dewisodd Dylan Thomas anfarwoli'r enw, am ei fod, mae'n debyg, yn swnio'n fwy 'elegant'.[5] Felly, gall y di-Gymraeg honni, heb fod ymhell o'u lle, mai 'Dillon' oedd enw'r bardd. I lawer, mae'r ynganiad Cymraeg yn swnio'n ymhongar. Efallai mai'r unig ateb yw dilyn awgrym Dylan ei hun yn y stori a ddyfynnir gan ei ferch, Aeronwy: 'Welsh people call me Dullon ... the English call me Dilun ... My friends call me Shitface.'[6]

Ond mae'r broblem ynglŷn ag ynganiad ei enw yn ddiddorol yn wyneb rhai o'r trafodaethau ar Dylan Thomas o ddyddiau cyntaf ei yrfa ymlaen, oherwydd daeth bron iawn yn symbol o'r tensiwn rhwng y Cymry Cymraeg a'r Cymry di-Gymraeg, yn y maes llenyddol ond hefyd yn ehangach na hynny. Mae gwreiddiau hynny i'w canfod mewn darlith a draddodwyd gan Saunders Lewis yn 1938, o dan y teitl dadlennol 'Is there an Anglo-Welsh Literature?' Dadl y gŵr o Lerpwl yw nad yw llenyddiaeth o'r fath yn bosib am nad oes yna'r fath beth â chenedl yr Eingl-Gymry: i Saunders Lewis roedd diwylliant a safon iaith pobl ddi-Gymraeg y de diwydiannol yn wrthun, ac yn fygythiad i barhad y genedl. Rhoddodd sylw yn benodol i waith Dylan Thomas yn y ddarlith, ac er ei fod yn cydnabod dawn ysgrifennu'r gŵr a oedd ar ddechrau ei yrfa lenyddol bryd hynny, mae'n nodi mai llenyddiaeth Saesneg Lloegr sy'n dylanwadu ar ei arddull: 'Dylan Thomas is obviously an equipped writer, but there is nothing hyphenated about him. He belongs to the English.'[7]

Defnyddiwyd y dyfyniad uchod droeon gan feirniaid a chofianwyr i geisio dangos fod gan y Cymry Cymraeg BROBLEM gyda Dylan Thomas, ac mae'n wir nad oedd y dyn na'i waith – *Under Milk Wood* yn arbennig – bob amser yn destun balchder i rai o gynheiliaid safonau moesol y genedl. Ar ben hynny, yn ystod hanner cyntaf yr ugeinfed ganrif, roedd bodolaeth llenyddiaeth o Gymru yn yr iaith Saesneg yn dystiolaeth o ffaith boenus, sef bod yr iaith Gymraeg yn prysur ddiflannu o'r tir, yn y de yn arbennig. Proses ddigon anodd oedd derbyn fod yna'r fath beth â Chymry di-Gymraeg. Ond dyna ddigwyddodd – a newidiodd Saunders Lewis ei feddwl hefyd. Pan fu farw Dylan yn 1953, diddorol nodi mai ato yntau y trodd y BBC am deyrnged, a dywedodd ar y radio mai Dylan oedd 'y plentyn Saesneg ardderchocaf a fagwyd ers canrifoedd ar ddaear Cymru'.[8] Datgelodd hefyd i'r ddau gyfarfod unwaith – a phwy na fyddai wedi hoffi bod yn bry ar wal yr ystafell honno? 'Cefais ef yn dawel, yn swil, yn gwbl ddiymhongar,' meddai Saunders Lewis, ac ychwanegodd ei fod yn llawn edmygedd o'r dyn a'i waith: 'Yr oedd yn agos-atoch chi, yn hoffus, ie, yn ddyn annwyl i ryfeddu. Yr oedd ganddo gymeriad bardd, fel Keats a Williams Parry.'

Rywsut, fodd bynnag, crëwyd argraff fod Dylan Thomas yn wrth-Gymraeg. Dyfynnwyd y geiriau 'Land of my fathers! ... my fathers can keep it' droeon fel petaent yn adlewyrchiad o farn yr awdur: ond mewn gwirionedd mae'r frawddeg yn perthyn i un o'i gymeriadau, y dihiryn Owen Morgan-Vaughan yn y ffilm *The Three Weird Sisters* o 1948. Yn nofel gomig Marcel Williams, *Diawl y Wenallt*, a gyhoeddwyd yn 1990, mae cymeriadau pentref dychmygol Cwmsylen yn dadorchuddio plac i nodi ymweliad y bardd â'u pentref yn 1953. Ond at y geiriau swyddogol maen nhw wedi ychwanegu hyn: 'Tipsy, spineless and sponging he was as usual, a glib, garrulous old goat, all booze and belly and belching ignorance of everything truly Welsh.'[9] Adlewyrchiad teg o farn rhai, ond o safbwynt ei Gymreictod, camargraff yn sicr. Eto i gyd, mae'r tensiwn hwnnw ynghylch bod yn Gymro ond heb allu siarad yr iaith wedi golygu fod rhai wedi cael anhawster i'w ddisgrifio fel Cymro. Oherwydd mai ar lenyddiaeth Saesneg y magwyd Dylan Thomas: 'culturally he was an Englishman'[10] meddai ei brif gofiannydd, Paul Ferris, amdano. Ond nid yw Seisnigo yn ieithyddol yr un peth â Seisnigo yn ddiwylliannol. Ac mae ein diffiniad ni o ddiwylliant heddiw yn cwmpasu mwy na dim ond y llyfrau a ddarllenodd Dylan yn stydi ei dad. Yn ei ryddiaith

yn arbennig, mae Cymreictod ei fagwraeth yn gwbl greiddiol
i'w waith.

Er i Dylan Thomas fyw am gyfnodau y tu allan i Gymru, ni chafodd
erioed gartref sefydlog ac eithrio Abertawe a sir Gaerfyrddin. Bu'n
rhaid iddo dreulio cyfnodau yn Llundain neu o fewn cyrraedd
Llundain oherwydd galwadau gwaith, ond ar ôl cael blas o fywyd y
ddinas yn ddyn ifanc, yma yng Nghymru y dymunai fyw. Roedd yn ei
chael hi'n dipyn haws i ysgrifennu yng Nghymru. Aeth rhai beirniaid
mor bell â dweud mai ei unig bwnc mewn gwirionedd oedd Dylan
Thomas – a Dylan Thomas yng Nghymru. Teithiodd i'r Unol Daleithiau
bedair gwaith ond un sgwrs radio yn unig a ysgrifennodd am y
profiadau hynny. Câi hyd i'w awen ym Mharc Cwmdoncyn, ond nid yn
Central Park. Aeth i Bersia, i'r Eidal ac i Brâg, ond crwydro strydoedd
Abertawe a phentrefi glan môr Cymru y mae yn ei ryddiaith.

Un o'i gyfeillion pennaf oedd un arall o feirdd Abertawe,
Vernon Watkins. Mewn nodyn yn 1962 nododd rai o'r problemau sy'n
wynebu rhywun sydd am ysgrifennu am Dylan Thomas:

1) Did not know the man.
2) Has been misled by the legend of Dylan Thomas built up
   by those who did not know him.
3) Begins with a false hypothesis that Dylan Thomas was an
   arrogant eccentric *enfant terrible*.[11]

Nid yw'r rhain ond rhai o'r problemau sy'n wynebu unrhyw un sydd
am ysgrifennu am Dylan Thomas. Gellir ychwanegu rhagor at y rhestr.
Yn un peth, yr oedd y bardd yn gelwyddgi wrth reddf: yn gelwyddgi

cronig, yng ngeiriau ei wraig. Yn ôl ei gyfaddefiad ei hun, tasai ei fam yn gofyn iddo ble y daethai o hyd i'w gap, byddai'n ateb iddo gael hyd iddo yn yr atig yn hytrach nag yn ei ystafell wely, am fod dweud celwydd yn fwy cyffrous. Byddai hefyd yn newid ei farn ar bynciau yn ôl ei gynulleidfa, i blesio ei gynulleidfa'n aml. Gallai honni ei fod yn sosialydd, a diawlio sosialaeth. Gallai hiraethu am Gymru a rhegi Cymru. Nid yw'r ffaith fod barn Dylan ar ryw bwnc neu'i gilydd ar glawr yn golygu o reidrwydd na ellir dod o hyd i sylw cwbl groes i hynny.

A gyda threigl y blynyddoedd, wrth i fwy a mwy o lyfrau ymddangos am Dylan Thomas, roedd mwy a mwy o'r hyn a ysgrifennwyd amdano yn ymdrech i wneud iawn am ryw gam a wnaed yn y llyfr blaenorol. Mae un o'i gofianwyr, George Tremlett, yn nodi bod angen gwybod sut y cafodd pob llyfr amdano ei ysgrifennu ac ym mha amgylchiadau cyn ei osod yn ei gyd-destun.[12] Mae ei lyfr ef yn un o nifer a ysgrifennwyd fel ymdrech fwriadol i wneud yn iawn am y portread a gafwyd yn y llyfr cynnar *Dylan Thomas in America* gan asiant y bardd, John Malcom Brinnin, llyfr sy'n manylu ar anturiaethau meddwol Dylan ar ei deithiau i'r Unol Daleithiau. Cyhoeddwyd y llyfr yn 1956, gan achosi cryn loes i Florence Thomas, a fu farw yn 1958. Eto i gyd, mae'r portread o Dylan sydd yn llyfr Brinnin yn rhan bwysig o'r darlun.

Sefydlwyd ymddiriedolaeth yn fuan wedi marwolaeth Dylan er mwyn gofalu am ei weddw a'i blant, ond bu llawer o gecru ac ymgyfreitha yn ei chylch, ac mae hynny'n rhan o gyd-destun rhai o'r llyfrau hefyd, wrth i un cymeriad geisio setlo'r sgôr ag un arall. Ysgrifennodd nifer o'i gyfeillion a'i berthnasau lyfrau amdano hefyd, gan gynnwys ei ffrind gorau yn ystod ei ieuenctid, Daniel Jones, ei weddw Caitlin, ei ferch Aeronwy, a Gwen Watkins, gweddw Vernon. Roedd gan bob un o'r rhain ddigon o resymau dros ei feirniadu yn ogystal â chanu ei glodydd. Ond, o ddarllen geiriau ei gydnabod, cawn gip ar yr hyn a'i gwnaeth yn ddyn mor arbennig, a oedd yn annwyl gan gynifer, er ei fod yn ŵr anffyddlon, yn rhiant hyd braich, ac yn gyfaill oriog. Mae sawl un wedi nodi pa mor anodd yw hi i gyfleu hud y dyn ar bapur; yn ôl Constantine FitzGibbon, a oedd hefyd yn gyfaill i'r bardd:

> the reader who never knew him can only accept the word of those who did that he was delightful, exceptional company. His broadcast talks, prepared with sweat and groans and Alka-Seltzer, give to posterity only a part of his wit and charm. They are candied fruit: his conversation was the peach plucked fresh from the tree.[13]

A'r alcohol wedyn. Faint o sylw ddylid ei roi i hwnnw? Dymuniad rhai yw peidio â sôn gormod amdano. Clywir gan fwy nag un o'i edmygwyr nad oedd Dylan yn alcoholig go iawn, gan ei fod ar brydiau'n gallu mwynhau noson heb yfed fawr mwy na photelaid neu ddwy o gwrw. *Diabetes*, nid alcohol, oedd ei broblem, medd rhai, er bod y dystiolaeth feddygol yn gwrthbrofi'r honiad hwnnw.[14] Ond, ar un ystyr, mae'r cwestiwn a oedd e'n *ddibynnol* ar alcohol ai peidio yn ddibwys. Y ffaith amdani oedd ei fod yn yfed yn ddyddiol, yn drwm iawn ar brydiau, a bod hynny yn anochel wedi effeithio ar ei fywyd, ei waith, a'i farwolaeth. Ni ellir osgoi sôn amdano. Mae'n rhyfedd o beth i'r genhedlaeth a fagwyd wedi marwolaeth Dylan yn 1953 feddwl y gallai fod wedi bod yn troi yn ein plith tan yn gymharol ddiweddar (fel R. S. Thomas, a oedd flwyddyn yn hŷn na Dylan, ond a gafodd weld bron hanner can mlynedd yn fwy o fywyd) pe bai wedi bod yn fwy gofalus o'i iechyd.

Ond, wrth gwrs, nid Dylan Thomas fyddai'r gŵr hwnnw wedyn. Ac mae'r mythau am Dylan Thomas yn rhan hanfodol o'i stori. Roedd Dylan lawn mor gyfrifol am eu lledaenu ag unrhyw un arall. Yn ôl Leslie Norris, 'He was a man around whom anecdotes crowded, like pigeons in Trafalgar Square, and many of them are good stories, highly coloured and amusing, and not all of them are apocryphal.'[15]

Mae gan bawb ei ffefryn, boed am y deunaw wisgi yr honnodd iddo'u hyfed mewn un eisteddiad cyn ei farwolaeth, neu amdano'n torri ar lifeiriant ei eiriau'i hun drwy ddweud: 'Somebody's boring me. I think it's me.'[16] Yn ei lythyron, ac yn atgofion llachar ei gyfeillion amdano, daw ei ddawn eiriol a'i hiwmor i'r amlwg dro ar ôl tro, ac mae'n ffigwr comig ar lawer ystyr. Pwy all anghofio disgrifiad Brinnin ohono'n gofyn am gael benthyg crib, yn gollwng y crib (brwnt) hwnnw yn ei gwrw cyn ei redeg drwy ei wallt, ac yn rhoi ei ddillad ei hun ar dân trwy roi stympiau sigarennau yn ei boced?[17] Neu beth am atgof Aeronwy ohono ar y traeth gyda'i deulu ym Mhentywyn, ei wraig yn rhybuddio'r plant i beidio â thasgu tywod ar ei bapur newydd, wrth i'w ferch gladdu ei boteli cwrw yn y tywod gwlyb mewn ymdrech i'w cadw'n oer?[18] Ac mae'r olwg a oedd arno yn rhan o'r fytholeg, o'r plentyn angylaidd â'i fop o gwrls euraid, i'r bardd ifanc rhamantaidd ym mhortread Augustus John, i'r meddwyn di-drefn a edrychai, yn ôl ei hoff ddisgrifiad ohono'i hun, 'like an unmade bed'.[19]

I lawer, pethau dibwys yw'r atgofion hyn, a dylid talu'r prif sylw i Dylan y bardd. I'r Cymry, mae bardd yn ffigwr pwysig o hyd, a Dylan oedd yr enwocaf ohonyn nhw i gyd. Cymerai ei alwedigaeth o ddifrif. Ar sawl ystyr byddai wedi bod yn haws iddo roi'r gorau i farddoni a dod o hyd i swydd ac incwm fyddai'n talu'r biliau. Ond nid oedd am gyfaddawdu, ac roedd yn ffodus yn y ffaith fod ganddo wraig a gredai yn ei dalent ac yn ei hawl i fod yn fardd, er bod y ffigwr cyhoeddus yn atgas ganddi yn aml iawn. Ond mae'n rhaid rhoi sylw i'w ryddiaith hefyd. Ar un adeg roedd hi'n ffasiynol i ddiystyru ei ryddiaith am ei fod yn ysgrifennu pethau comig, neu am fod rhai beirniaid yn credu fod ei gyfeiriadau at ryw yn ddi-chwaeth, neu'n blentynnaidd. 'Dylan Thomas – Poet' oedd geiriad y plac cyntaf i'w osod ar Glanrhyd. Ond erbyn heddiw 'A man of words' yw'r disgrifiad, gan adlewyrchu'r ffaith fod ei ryddiaith yr un mor bwysig i lawer o'i ddarllenwyr â'i farddoniaeth – ac yn dipyn haws i'w deall na rhai o'i gerddi, sydd wedi peri penbleth i lawer ers eu cyhoeddi gyntaf yn y 1930au.

Roedd cryn dipyn o'i enwogrwydd yn ystod ei oes yn deillio o'i waith fel darlledwr gyda'r BBC, yn darllen ei gerddi ei hun ac eraill, ac yn cyfansoddi straeon yn bwrpasol i'w darlledu, yn eu plith rai o'i weithiau rhyddiaith gorau: *Quite Early One Morning* am Geinewydd, rhagflaenydd *Under Milk Wood*; *Return Journey*, ei deyrnged i Abertawe wedi bomio'r Ail Ryfel Byd, a darnau hoffus am ddyddiau ei blentyndod: *Reminiscences of Childhood* a *Holiday Memory*. Roedd yn arloeswr ym maes recordio barddoniaeth, gyda'i recordiau hynod boblogaidd ar gyfer y label Caedmon yn yr Unol Daleithiau yn torri tir newydd. Cafodd ei glodfori hefyd am atgyfodi'r arfer o gynnal darlleniadau cyhoeddus o farddoniaeth yn y wlad honno.

Ac ar ben hyn, cafodd yrfa gymharol lwyddiannus fel sgriptiwr ffilmiau, ffaith sydd wedi'i hanwybyddu bron yn gyfan gwbl gan y beirniaid. Yn ystod y rhyfel bu'n gyfrifol am sgriptiau pedair ar ddeg o ffilmiau 'propaganda' – er hwyrach fod y gair hwnnw'n rhoi camargraff o'u cynnwys – ar gyfer y Weinyddiaeth Wybodaeth. Yn dilyn y rhyfel trodd ei law at ffilmiau dramatig, a chafodd dwy ohonyn nhw – *The Three Weird Sisters* a *No Room at the Inn* eu cynhyrchu ar gyfer y sinema yn ystod ei oes. Defnyddiwyd ei sgriptiau ef hefyd yn sail ar gyfer dwy ffilm arall wedi ei farwolaeth: *The Doctor and the Devils* a *Rebecca's Daughters*, ac wrth gwrs gwnaed ffilm o *Under Milk Wood* yn 1972 – record o lwyddiant o safbwynt sgriptio y byddai sawl awdur yn falch ohoni.

Yn ei oes – ac wedi hynny – tueddid i ddiystyru gwaith ar gyfer y cyfryngau poblogaidd fel gweithgaredd israddol, ac yn sicr credai Caitlin fod ei gŵr yn afradu ei dalent drwy wneud gwaith o'r fath. Ond erbyn heddiw mae mwy o fri ar grefft y cyfryngau torfol. Bu Dylan farw cyn oes aur y teledu (a dwywaith yn unig yr ymddangosodd arno), ond o gymryd ei waith ffilm a radio i ystyriaeth gallwn edrych ar Dylan Thomas fel rhagflaenydd i yrfaoedd awduron Cymru heddiw. Meddyliwch am yr enwau canlynol: Wiliam Owen Roberts, Caryl Lewis, Gareth Miles, Gerallt Lloyd Owen, Catrin Dafydd, Twm Morys, Alan Llwyd, Mererid Hopwood, Jon Gower, Manon Rhys, Eigra Lewis Roberts, Tudur Dylan Jones, Aled Jones Williams, Aneirin Karadog, Gareth F. Williams, Bethan Gwanas, Ceri Wyn Jones: pob un yn llenor sydd hefyd naill ai'n darlledu neu'n ysgrifennu sgriptiau, a phob un, felly, yn llinach Dylan Thomas.

Ni all cyfrol o'r hyd yma drafod pob agwedd ar waith Dylan Thomas, ac i'r sawl sydd am wybod mwy mae yna gyfoeth o ddeunydd i droi ato – nid dim ond y straeon a'i farddoniaeth wrth gwrs, ond hefyd ei lythyron, ei sgriptiau ffilm, a'i ddarllediadau radio, sydd oll wedi'u cyhoeddi yn ystod ail hanner y ganrif ddiwethaf. Rhoddir cryn le yn y llyfr hwn i adrodd hanes ei fywyd, sy'n ein helpu i ddeall ei lenyddiaeth, ac yn egluro pam yr oedd yn enwog, yn y gorffennol a'r presennol. Mae'n hanes lliwgar sy'n mynd â ni i bob math o gyfeiriadau, o dafarndai Abertawe, Llundain ac Efrog Newydd i lannau afonydd Aeron, Tywi a Thaf. Mae rhai o'r straeon yn dangos mawredd Dylan Thomas, ac eraill yn ein hatgoffa o'i ffaeleddau dynol. Yr oedd yn fwy na bardd yn yr ystyr lythrennol ei fod hefyd yn awdur rhyddiaith athrylithgar, yn ddarlledwr dawnus ac yn sgriptiwr medrus. Ond mae hefyd yn fwy na bardd yn y ffordd y cydiodd ei hanes – a'r myth a dyfodd o'i gwmpas – yn y dychymyg poblogaidd yng Nghymru a'r tu hwnt.

1   David N. Thomas (gol.), *Dylan Remembered: Volume Two 1935–1953* (Seren, 2004), t.224

2   Glyn Jones, *The Dragon Has Two Tongues* (J. M. Dent, 1968), t.44

3   *Swansea and the Arts*, darlledwyd gan y BBC Hydref 1949 (Tŷ Llên Publications, 2000)

4   Paul Ferris, *Dylan Thomas: The Biography* (arg. newydd, Y Lolfa, 2006), t.21

5   Paul Ferris, *Dylan Thomas: The Biography*, t.22

6   Aeronwy Thomas, *My Father's Places* (Constable, 2009), t.145

7   Saunders Lewis, 'Is there an Anglo-Welsh Literature?' (Urdd Graddedigion Prifysgol Cymru Cangen Caerdydd, 1939), t.5

8   Cyhoeddwyd yn *Dock Leaves*, Gwanwyn 1954

9   Marcel Williams, *Diawl y Wenallt* (Y Lolfa, 1990), t.5

10 Paul Ferris, *Dylan Thomas: The Biography* t.xviii

11 Gwen Watkins, *Dylan Thomas: Portrait of a Friend* (arg. newydd, Y Lolfa, 2005), t.206

12 George Tremlett, *Dylan Thomas: In the Mercy of his Means* (Constable, 1991), t.10

13 Constantine FitzGibbon, *The Life of Dylan Thomas* (arg. newydd, J. M. Dent, 1975), t.183

14 Gw. David N. Thomas (gol.), *Dylan Remembered: Volume Two 1935–1953*, t.264

15 Leslie Norris (gol.), *Dylan Thomas: The Collected Stories* (arg. newydd, J. M. Dent, 2003), t.vii

16 Paul Ferris, *Dylan Thomas: The Biography*, t.169

17 John Malcolm Brinnin, *Dylan Thomas in America* (ail arg., J. M. Dent, 1957), t.48.

18 Aeronwy Thomas, *My Father's Places*, t.136

19 Constantine FitzGibbon, *The Life of Dylan Thomas*, t.227

Gwilym Marles

'To begin at the beginning' yw geiriau agoriadol adnabyddus *Under Milk Wood*, ond mae'n stori ni yn cychwyn cyn genedigaeth Dylan Marlais Thomas yn 1914 – a hynny bron ddeugain mlynedd ynghynt, ym mhentref bychan Llwynrhydowen, Ceredigion, mewn ardal wledig rhwng Llandysul a Llanbedr Pont Steffan. Dyma'r Smotyn Du – cadarnle'r Undodiaid.

Y dyddiad yw dydd Sul 29 Hydref 1876. Saif capel yr Undodiaid, Llwynrhydowen, ar groesffordd y pentref, ac ar y Sul arbennig hwn mae'r gynulleidfa yn gwrando ar bregeth angerddol eu gweinidog y tu allan i'r capel, ar ymyl y ffordd. Mae gatiau'r fynwent y tu cefn iddo wedi'u cloi, ac mae'r gynulleidfa wedi'u gwahardd rhag mynd i'r capel na chamu ar y tir lle mae eu hanwyliaid wedi'u claddu – yn eu plith diweddar wraig a phlentyn y gweinidog ei hun. Dyma'r Parchedig William Thomas, y pregethwr a'r ysgolfeistr radical, sy'n fwy adnabyddus o dan ei enw barddol, Gwilym Marles. A bwriad cau'r gynulleidfa allan o'r capel yw ei ddistewi. Dyma sydd ganddo i'w ddweud wrth sefyll ar y grisiau o flaen gât y fynwent:

> Amcan y weithred hon yw ein colledu a'n niweidio ni oll gyda'n gilydd, ac yn neilltuol, niweidio fy amgylchiadau bydol i.

Gwyddant nad ydwyf ond dyn tlawd a chennyf deulu lluosog yn dibynnu arnaf, a bwriadant fy nistewi. Ond nid oes eu hofn arnaf. Cyhyd ag y caf eich cydymdeimlad chwi, a chyhyd ag y parhaf yn ffyddlon yng ngwaith Duw – er i eryrod ysglyfaethus erledigaeth ymosod arnaf, Duw a ddenfyn ei gigfran i fy mhorthi â bara a chig y bore ac â bara a chig y prynhawn.

Er hyn oll, na fydded i ni ymollwng yn ein heneidiau. Ac na fydded i neb ohonom geisio talu drwg am ddrwg. Er mor galed yw hi, er na chawn fynd i mewn i'r hen fynwent yma i gusanu llwch beddau ein hanwyliaid, a thrwsio blodau arnynt, nac addoli lle bu ein hynafiaid yn addoli ers llawer oes, eto i gyd wedi'r cwbl bydded i ni, yn nerth Duw, ymdawelu a gadael ein hachos yn ei law Ef.[1]

Roedd gwreiddiau'r digwyddiad hwn yng ngwleidyddiaeth gythryblus y cyfnod. Tan ganol y bedwaredd ganrif ar bymtheg, etholwyd bron y cyfan o Aelodau Seneddol Cymru yn ddiwrthwynebiad, a Thorïaid ac Eglwyswyr oeddent gan fwyaf – aelodau o deuluoedd bonedd Cymru. Ond roedd newid ar droed, ac am y tro cyntaf erioed yn 1865 cafodd mwy o Ryddfrydwyr na Thorïaid eu hanfon o Gymru i San Steffan. A phan gafodd Rhyddfrydwr ei ethol i gynrychioli Ceredigion yn 1868, dyma ddechrau cadwyn o ddigwyddiadau dramatig yn y rhan hon o dde'r sir.

Ychydig dros filltir o bentref Llwynrhydowen, mae capel Annibynnol Carmel, Pren-gwyn, ac yn y fynwent mae bedd ac arno saith o enwau. Mae hanes dirdynnol teulu Ffynnon Llywelyn yn werth ei adrodd gan ei fod yn rhan o'r cefndir arweiniodd at y 'troi allan' yn 1876. Ac roedd gan Gwilym Marles ei ran i'w chwarae yn y stori honno hefyd.

Yn Etholiad Cyffredinol 1868 pleidleisiodd wyth o denantiaid stad Alltyrodyn, ger Llandysul, yn groes i ddymuniad y meistr tir ac, fel mewn ardaloedd eraill, cafodd y tenantiaid hyn eu cosbi'n llym drwy eu gorchymyn i adael eu ffermydd. Wrth reswm, cafwyd cryn sylw i'r digwyddiadau hyn ledled Cymru, a chodwyd y mater yn San Steffan gan yr Aelod Seneddol Henry Richard. Un o denantiaid Alltyrodyn oedd Dafydd Jones, Ffynnon Llywelyn. Roedd ef a'i wraig eisoes yn gyfarwydd â gofid, ac mae'r enwau a'r dyddiadau cynharaf ar y garreg fedd ym mynwent Carmel yn ddigon o esboniad:

David, Mawrth 2, 1862 yn 13 oed
Anne, Mawrth 9, 1862, yn 18 oed
Sarah, Mawrth 10, 1862, yn 6 oed
Mary, Mawrth 19, 1862, yn 10 oed.

Nid yw'n sicr beth a laddodd y plant – twymyn yn ôl un adroddiad, dolur gwddf yn ôl un arall, ond llwyddodd tri o'u plant i oroesi. Yn 1871, wedi eu gorchymyn i adael eu cartref ac wedi colli eu bywoliaeth, penderfynodd y tri hyn – John, Thomas a Margaret, a oedd yn oedolion erbyn hyn – a'u rhieni adael yr ardal yn gyfan gwbl ac ymfudo i'r Unol Daleithiau. Gwerthwyd eu heiddo, a'r noson cyn i'r teulu gychwyn ar eu siwrnai faith, cynhaliwyd Cwrdd Ffarwelio ar glos y fferm. Un o'r ddau bregethwr i gynnal y gwasanaeth oedd Gwilym Marles. Yn ôl adroddiad papur newydd o'r cyfnod (erthygl gan Gwilym

Marles ei hun yn ôl pob tebyg), yr oedd yn 'wasanaeth crefyddol dwys iawn, yr hwn nis anghofir tra ar dir y byw gan y cannoedd lawer oeddynt yn bresennol ... Ni welsom gyfarfod mor doddedig erioed; yr oedd yn fynych yn foddfa o ddagrau trwy yr holl dorf.'[2]

Ond roedd rhagor o ddagrau i ddod. Mae'n debyg i'r teulu dreulio noson gyntaf eu taith o Ffynnon Llywelyn i Efrog Newydd yn nhre Caerfyrddin, a'r noson honno cafodd tri aelod ieuengaf y teulu eu heintio â'r frech wen. Yn ystod y fordaith cawsant eu gwahanu oddi wrth eu rhieni oherwydd eu gwaeledd, a bu farw'r tri mewn ysbyty ar Ynys Blackwell, ger Efrog Newydd. Yn eu galar, daeth y rhieni yn eu holau i Gymru, gan ychwanegu enwau John, Thomas a Margaret at y pedwar enw a oedd eisoes ar y garreg fedd.

Mae'n stori sy'n gafael hyd heddiw: yn 2013, cafodd ei hanfarwoli ar ffilm gan fyfyrwyr o Brifysgol Cymru y Drindod Dewi Sant. Ni all rhywun ond dychmygu beth oedd teimladau'r trigolion lleol bryd hynny tuag at y perchennog tir. Stad Alltyrodyn oedd hefyd yn berchen ar y tir lle safai capel Gwilym Marles – y mwyaf radical o'r pregethwyr lleol – yn Llwynrhydowen. Ac ar 25 Hydref 1876, ysgrifennodd stiward y stad lythyr yn hysbysu aelodau'r capel o'r penderfyniad i'w gwahardd o'r adeilad a'r fynwent. Y rheswm a roddwyd oedd fod amodau'r les ar y tir wedi'u torri – yr amod a nodai fod y capel i'w ddefnyddio 'for the worship of God and "to no other purpose whatsoever" '.[3] Ond roedd pregethau Gwilym Marles wedi cyffwrdd â sawl maes gwleidyddol, addysg yn arbennig – pwnc llosg yng Nghymru'r 1870au.

Yn y dyddiau wedi'r 'troi allan' ar ddiwedd Hydref 1876 daeth hanes Llwynrhydowen yn *cause célèbre* trwy Gymru. Y dydd Sul canlynol daeth torf enfawr ynghyd ar risiau'r capel – tair i bedair mil, yn ôl un adroddiad, ychydig gannoedd yn ôl un arall. Waeth pa un sydd agosaf at y gwir, mae'n dorf fawr i'w gwasgu wrth ymyl y groesffordd gul. Yn Saesneg y mae Gwilym Marles yn pregethu'r tro hwn, er mwyn y newyddiadurwyr niferus sydd wedi ymgasglu, gan gynnwys cynrychiolwyr o'r *Liverpool Daily Post* a'r *Western Mail*. Dyma sydd gan y papur hwnnw i'w ddweud am Gwilym Marles: 'Mr Thomas is, what of recent years has become thoroughly well understood in Wales, a "political parson"... a Radical of the deepest dye.'

Rhoddodd perchennog y stad wybod i aelodau'r capel y byddai'n fodlon iddyn nhw ddychwelyd i'r adeilad ar yr amod eu bod yn cael gweinidog newydd. Wrth reswm, gwrthodwyd ei gais, ac aed ati i gasglu arian i godi capel newydd; mae'r cofnodion yn dangos i £527 gael ei godi gan gynulleidfa Llwynrhydowen, gyda chyfraniadau eraill o bob cwr o Gymru a Lloegr, yn cynnwys cyfraniadau gan rai o Gymry amlycaf y dydd – Henry Richard, AS, a David Davies, Llandinam. O fewn ychydig wythnosau codwyd 'Capel Coed' yn gartref newydd i gynulleidfa Llwynrhydowen, ac o fewn tair blynedd roedd gan aelodau'r achos Undodaidd yn Llwynrhydowen adeilad newydd lai na milltir i ffwrdd – y Capel Coffa. Ond ni chafodd Gwilym Marles ei hun weld yr adeilad newydd; dirywiodd ei iechyd a bu farw yn 45 oed ym mis Rhagfyr 1879 – a'i gladdu wrth fynedfa'r Capel Coffa.

Tair oed oedd David John Thomas, tad Dylan, yn 1879, felly go brin fod ganddo unrhyw atgofion personol o'i ewythr enwog Gwilym.

Eto i gyd, mae'n amlwg ei fod yn ffigwr canolog yn ei fywyd. Rhoddodd D.J. 'Marles' yn enw canol ar ei unig ferch, Nancy, a'r ffurf lai tafodieithol 'Marlais' yn enw canol ar ei unig fab. A phan brynodd ei unig gartref, yr enwog 5 Cwmdonkin Drive, enwodd y tŷ yn Glanrhyd yn deyrnged i'r cartref lle ganed Gwilym Marles, Glanrhyd y Gwiail, ym mhentref Brechfa. Efallai nad oedd am i'r Gymraeg oroesi ar ei aelwyd, ond nid oedd am chwalu'r cysylltiad â'i wreiddiau'n llwyr.

Mae sawl ffaith am fywyd Dylan Thomas yn destun dadl ac anghytundeb, ond un peth sy'n weddol sicr, sef na fyddai wedi bod yn fardd oni bai am ddylanwad ei dad. A gan fod ei gysylltiad â Gwilym Marles yn gymaint o destun balchder iddo, mae'n werth oedi rhagor gyda stori'r ewythr. Heb amheuaeth, roedd D. J. Thomas am weld ei fab yn dilyn ôl traed aelod enwocaf y teulu.

Mae fferm Glanrhyd y Gwiail ar lannau afon Cothi, rhwng Brechfa ac Abergorlech, ac yno, ar 7 Ebrill 1834, ganed William Thomas – sef Gwilym Marles – yn fab i William ac Ann Thomas. Cafodd ei enw barddol o enw nant Marlais yn yr ardal. Gwilym oedd yr ail o'u pum plentyn, yn frawd iau i Evan, tad-cu Dylan Thomas. Yn fachgen ifanc, cafodd ei anfon i fyw at ei fodryb a'i ewythr, a oedd yn grydd. Roedd hon yn aelwyd grefyddol, a Gwilym yn fachgen cydwybodol. Cadwai ddyddiadur, ac yn 1850, meddai'r crwt: 'Penderfynais i beidio rhoi fy mryd ar unrhyw wegi, bwydydd, chwarrau o unrhyw. I ymroi yn hollol i ddysgu ... Nid wyf yn treulio un adeg braidd yn ofer.'[4]

Addysg oedd yn bwysig i Gwilym, ac mewn cyfnod cyn bod honno'n hawl sylfaenol, bu'n rhaid iddo frwydro er mwyn cael cyfnodau mewn ysgolion yn Felin-gwm ac yn Ffrwd-fâl. Mewn man arall yn ei ddyddiadur noda: 'O'r dwli sy ym mhennau dynion, pwy bleser sydd mewn chwerthin, crio, yfed a meddwi – mae gwaelod cwpan y pleseryn yn sur.'[5]

Dechreuodd farddoni yn ifanc, ac mae'n debyg ei fod yn llythyru â'r wasg yn 11 oed. Roedd â'i fryd ar y weinidogaeth, ac yn 1852 aeth i Goleg Presbyteraidd Caerfyrddin. Yno cafodd ddwy dröedigaeth – rhoddodd y gorau i fod yn ddirwestwr, a throdd yn Undodwr, y mwyaf radical o'r enwadau. I'r Undodiaid, nid Duw yn gnawd yw'r Iesu, ond enghraifft o fod dynol perffaith, diolch i gariad Duw – cred hereticaidd ym meddwl rhai.

Aeth Gwilym Marles yn ei flaen i Brifysgol Glasgow, gan raddio yn BA yn 1858 ac yn MA yn 1859. Yn ystod y cyfnod hwnnw cafodd weld rhai o ardaloedd tlotaf y ddinas honno, ac roedd cydymdeimlad â sefyllfa pobl dlawd yn rhan bwysig o'i weledigaeth wleidyddol.

Yn 1859, ac yntau'n dal i fyw yn Glasgow, cyhoeddodd lyfr o farddoniaeth o dan y teitl *Prydyddiaeth*. Mae'n cynnwys chwech o gerddi gwreiddiol ac un cyfieithiad o waith Tennyson. Teyrngedau yw'r ddwy gerdd fwyaf swmpus: dwy bryddest, y naill er cof am T. H. Jones, o'r Neuadd-fawr, Ceredigion, a'r llall i goffáu meddyg o'r enw J. Thomas o Landysul. Gwaith dyn ifanc yw'r cerddi hyn, a go brin eu bod yn farddoniaeth fawr. Ond maen nhw'n sicr yn gipolwg diddorol iawn ar werthoedd Gwilym Marles. Roedd tad T. H. Jones yn feddyg, a daeth y mab yn enwog yn ei gynefin am ei sgìl yn gwella esgyrn toredig. Yn y gerdd mae Gwilym Marles yn ei ganmol am ei haelioni at bobl dlawd yr ardal, ac mae'n amlwg fod y ddau yn rhannu cryn dipyn o werthoedd:

Diraddio dyn! Darostwng dyn dan draed!
Gynhyrfai hyd waelodion ei goch waed.
Yn rhydd ei ganed, ac i fod yn rhydd,
A breinlen nef yn feddiant iddo sydd!
Anghyfiawn drethi, pob caethiwed cas,
Wrth-hyrddiodd ef hyd glwyf yr angeu glas.
Nid sectawl wŷn oedd ynddo'n cynneu'n boeth,
Ond dygn gasineb at anwiredd noeth;
Ei nôd nid oedd i aflonyddu'r byd –
Dymunai weled pawb yn trigo yng nghyd
Mewn undeb anwyl, yn ddedwyddaf gôr
A chariad pur ar led o for hyd for.[6]

Mae'r ffaith fod y ddwy gerdd fwyaf swmpus yn sôn am waith meddygon yn arwyddocaol wrth ystyried digwyddiad arall a fyddai'n wynebu Gwilym Marles.

Derbyniodd *Prydyddiaeth* adolygiad ffafriol ym mhapur *Y Gwladgarwr*, sy'n nodi: 'Fel cynhyrchion dyn ieuanc, cynhwysa y llyfr elfennau addawol y daw yr awdur yn fardd gwych, ond iddo fod yn blentyn da, ac ufudd i'r AWEN.'[7] Ond er iddo barhau i farddoni ac i gyhoeddi ei waith llenyddol yng nghylchgronau'r dydd, ni chyhoeddodd gyfrol arall yn ystod ei oes.

Yn 1905, cyhoeddodd O. M. Edwards gasgliad o waith diweddarach Gwilym Marles fel rhan o Gyfres y Fil, y gyfres o lyfrau bach glas o oreuon llenyddiaeth Gymraeg. Cerddi syml, telynegol sydd ganddo yn y gyfrol hon gan fwyaf, a'u themâu yn cynnwys natur – adar yn arbennig, crefydd, hiraeth a marwolaeth. Ie, themâu digon tebyg i rai Dylan Thomas – ond go brin mai dyma'r unig ddau fardd o Gymro i ganu ar y pynciau hyn.

Mae'r gyfrol yng Nghyfres y Fil hefyd yn cynnwys nifer o gerddi sy'n cyfeirio at ddigwyddiadau cythryblus 1876 – mae'r gerdd 'Llwyn Rhyd Owen' yn sôn am yr 'hyllion gloion' sy'n cadw'r drysau ynghau, ac yn gofyn am faddeuant am 'drawsedd ffôl' y rhai a fu'n gyfrifol am eu gosod yno. Efallai fod rhywfaint o ddadlau ynghylch y cwestiwn a oedd Dylan Thomas yn fardd crefyddol ai peidio, ond nid oes unrhyw amheuaeth am hynny yn achos Gwilym Marles. Yn ystod tair blynedd olaf ei fywyd, bu'n dioddef yn fawr oherwydd ei iechyd, ac mewn nifer o'r cerddi mae'r bardd yn cyfeirio at ei farwolaeth ei hun. Ond os bu Dylan Thomas yn deisyf i'w dad beidio ag ildio i farwolaeth heb frwydro, yn ei gerdd enwog 'Do not go gentle into that good night', fel arall mae hi yn hollol i Gwilym Marles yn y gerdd 'Ochenaid':

> Daw angau'n fuan, mi gaf felus hun,
> Fy mam, y ddaear, rydd im wely clyd;
> Yr esgyrn doluriedig hyn, bob un,
> A garant orffwys wedi curio cyd;
> Yn iach, fy mhlant! yn iach, fy mhriod mad!
> Caraswn aros yn eich cwmni chwi;
> Ond gan nad hyn yw 'wyllys dwyfol Dad,
> Mae marw'n well na byw yn awr i mi.

Oni bai am y cysylltiad â'i or-nai, go brin y byddai Gwilym Marles y bardd yn denu llawer o sylw heddiw. Ond teg nodi, serch hynny, fod ei gerdd 'Mynwent Cwmwr Du' wedi'i chynnwys gan Thomas Parry yn yr *Oxford Book of Welsh Verse*, a phenderfynodd Bobi Jones gynnwys yr un gerdd yn *Blodeugerdd Barddas o'r Bedwaredd Ganrif ar Bymtheg*.

Yn ogystal â bod yn fardd, roedd Gwilym Marles, fel Dylan, hefyd yn awdur rhyddiaith, ac mae enghreifftiau o'i waith wedi'u cynnwys yn llyfr bach O. M. Edwards. Darnau newyddiadurol ydyn nhw yn bennaf. Gwilym Marles oedd gohebydd ardal Llandysul ar gyfer y *South Wales Daily News*, a bu hefyd yn olygydd ar gylchgrawn o'r enw *Yr Athraw*. Fel ysgolfeistr, does ryfedd ei fod yn ei waith ysgrifennu yn hyrwyddo pwysigrwydd addysg i bobl ifanc, ac mae ganddo erthygl ar Bleser Darllen sy'n nodi rhagoriaethau llyfrau dros athrawon: 'Os ewch i ymofyn â hwynt nid ydynt fyth yn cysgu; os holwn ofyniadau iddynt, nis rhedant ymaith; os gwnawn gamgymeriadau, ni ddifrïant ni; os byddwn anwybodus, ni chwarddant am ein pen.'

Mae'r erthygl yn dod i ben â'r geiriau: 'Darllenwch lyfrau da hyd y gellwch eu cael, ond yn enw pob peth *darllenwch*.' Roedd hwn yn gyngor y byddai ei nai D.J., a'i fab yntau Dylan, yn ei ddilyn i'r llythyren. Magwyd mwy nag un genhedlaeth o Domosiaid darllengar.

Mae'n gwestiwn, fodd bynnag, sut yr oedd gan Gwilym Marles amser i ddarllen o gwbl, gan ei fod yn ddyn mor brysur. Ar ben ei waith fel gweinidog, bardd, newyddiadurwr a beirniad eisteddfodol, roedd hefyd yn cynnal ysgol ramadeg yn Llandysul. Agorodd yr ysgol yn 1860, a byddai'n dysgu tua hanner cant o ddisgyblion yno, o sawl ardal o Gymru, gyda nifer yn lletya gyda'r teulu Marles. Priododd Gwilym Marles ddwywaith – bu farw'i wraig gyntaf, Mary, yn 1868, a'r flwyddyn ganlynol ailbriododd â Mary arall – a bu'r ddwy yn eu tro yn ei helpu i redeg yr ysgol. Yn ôl taflen hysbysebu, roedd yn darparu addysg mewn 'English Education, the Greek and Latin Classics, and the French and German Languages' ac yn cynnig cymorth arbennig i'r rheiny oedd yn ymgeisio am fynediad i ysgolion bonedd a phrifysgolion. Roedd y ffioedd yn amrywio rhwng 4 gini a 26 gini'r flwyddyn, gan ddibynnu a oedd y disgyblion yn lletya yno ai peidio.[8]

Mae O. M. Edwards yn sôn yn ei ragair i'r gyfrol o waith Gwilym Marles fod un o'i gyd-fyfyrwyr yn Aberystwyth yn gyn-ddisgybl yn ysgol Gwilym Marles, 'a chofiaf yn dda fel yr ymylai ei barch i'w hen athraw bron ar addoliad'. Yn ôl tystiolaeth eraill a fu'n llythyru â'r wasg bron ugain mlynedd ar ôl ei farwolaeth, roedd gan Gwilym Marles ddywediad: 'Mynnwch eich hawliau!'[9] ac mae'n amlwg ei fod yn ddyn a wnâi gryn argraff ar bobl, ac yn ddylanwad a oedd i bara am ddegawdau.

Yn ogystal â brwydro dros gyfiawnder cymdeithasol, roedd Gwilym Marles hefyd yn flaenllaw yn ceisio gwrthsefyll yr ofergoeledd a oedd yn elfen gref o fywyd cefn gwlad o hyd yn ei ddydd. Ac roedd cysylltiad rhyngddo a hanes Sarah Jacob o Lanfihangel-ar-Arth, y 'Welsh Fasting Girl'. Mae'r stori yn lled adnabyddus hyd heddiw: bu'n destun nofel gan Aled Islwyn, *Sarah Arall*, pennod o lyfr T. Llew Jones, *Gwaed ar eu Dwylo*, a pherfformiad gan gwmni theatr Brith Gof mewn coedwig ger Llanbedr Pont Steffan yn 1995 – *Tri Bywyd*. Ac roedd ei stori'n creu penawdau yn ei dydd hefyd.

Honnai rhieni Sarah Jacob nad oedd eu merch yn bwyta nac yn yfed o gwbl, ac mai gwyrth grefyddol oedd ei bywyd felly. Byddai pobl yn ymweld â hi ac yn cynnig arian iddi. Ond roedd ofergoeledd o'r fath yn wrthun i Gwilym Marles, y bardd a ganodd i ganmol gwaith y meddygon wrth gwrs, a bu'n ysgrifennydd ar bwyllgor a sefydlwyd

31

i wrthwynebu'r sefyllfa. Pan fu farw Sarah Jacob yn un ar ddeg oed, wedi llwgu i farwolaeth yn ôl yr archwiliad meddygol, cafodd ei rhieni eu dedfrydu i garchar am ddynladdiad. Cadwai Gwilym Marles lyfr lloffion yn llawn adroddiadau am yr achos, ac yn ei farn ef, roedd yn enghraifft arall a brofai'r angen dybryd am addysg i bobl gyffredin.

Gyda'r holl weithgaredd a phrysurdeb (roedd yn weinidog hefyd ar gapel Bwlchyfadfa ac roedd y daith ar droed yn ôl ac ymlaen rhwng gwasanaethau a'i gartref ar y Sul yn ugain milltir), nid oes rhyfedd fod iechyd Gwilym Marles yn wan. Roedd yn dioddef o'r *tic douloureux* a phennau tost difrifol, a bu ar sawl mordaith i ardal Môr y Canoldir mewn ymdrech i geisio cryfhau yn gorfforol. Cafodd weld dechrau'r gwaith adeiladu ar y Capel Coffa yn Llwynrhydowen, ond nid oedd yn bresennol yn y cyfarfod agoriadol ym mis Hydref 1879.

Mae bedd Gwilym Marles i'w weld o hyd o flaen y Capel Coffa. Chwalwyd y groes farmor oedd ar y garreg yn wreiddiol mewn storm yn y 1950au, ac er bod yna groes newydd wedi'i gosod arni mae'r geiriad ar y garreg ei hun yn anodd ei ddarllen erbyn heddiw. Serch hynny, byddai'n werth chweil i unrhyw bererinion ar drywydd Dylan Thomas yng ngorllewin Cymru alw heibio'r Capel Coffa, a hen gapel Llwynrhydowen, i gofio nid yn unig y dyn a roddodd y Marlais yn enw'r bardd, ond hefyd am ei ran yn rhai o ddigwyddiadau mwyaf dramatig ail hanner y bedwaredd ganrif ar bymtheg.

Dyna hanes Gwilym Marles felly. Ond pa gysylltiad uniongyrchol fu rhyngddo a'i nai David John Thomas? Mae'n bosib, wedi'r cyfan, na chyfarfu'r ddau erioed, a go brin y byddai gan D.J. unrhyw gof o hynny, ta beth. Ganed David John Thomas yng Nghaerfyrddin ar

8 Ebrill 1876, yn un o wyth plentyn Evan Thomas (brawd Gwilym Marles) a'i wraig, Anne. Gweithio ar y rheilffyrdd oedd Evan, gan ennill y llysenw anochel 'Thomas the Guard'. Roedd cartref y teulu ynghanol Tre Ioan, Caerfyrddin, ac mae'r tŷ sylweddol – The Poplars – i'w weld yno hyd heddiw; tan yn ddiweddar iawn roedd yn dafarn. Roedd David John – Jac bryd hynny, mae'n debyg, ond D.J. i bawb weddill ei oes – yn fachgen peniog, a dilynodd gyngor ei ewythr ac ymroi i ddarllen. Ar ôl cyfnod yn ddisgybl-athro yng Nghaerfyrddin, enillodd ysgoloriaeth i Goleg Prifysgol Cymru, Aberystwyth, yn 1895, ddwy flynedd wedi i'r Brifysgol ennill ei siartr. Saesneg oedd iaith addysg bryd hynny, a llenyddiaeth Saesneg oedd prif bwnc D.J.; enillodd radd dosbarth cyntaf yn 1899.

Mae straeon Dylan Thomas yn llawn modrybedd ac ewythrod – ond aelodau o deulu ei fam, Florence, oedd y mwyaf niferus o'r rheiny. Y gred ymhlith cofianwyr Dylan Thomas oedd na fu fawr o gysylltiad rhwng D. J. Thomas a'i berthnasau ef, gan gynnwys teulu Gwilym Marles. Nid oedd ei gofiannydd cyntaf, Constantine FitzGibbon, yn sicr fod gan D.J. unrhyw frodyr neu chwiorydd hyd yn oed, a chredai ei fod wedi torri pob cysylltiad â'i deulu, ond mae ymchwil pellach i'w goeden deuluol gan eraill, gan gynnwys David N. Thomas, wedi dangos nad oedd hynny'n wir. Mae llythyron sydd heb eu cyhoeddi, ond sydd yng nghasgliad y Llyfrgell Genedlaethol yn Aberystwyth, yn cadarnhau perthynas weddol agos â brawd ieuengaf D.J., Arthur, a ddilynodd ôl troed ei dad a mynd i weithio ar y rheilffyrdd. Roedd yn byw yn ardal Port Talbot ac ysgrifennodd Dylan i ddiolch am yr anrhegion a anfonodd atynt adeg y Nadolig 1941.[10] Y Nadolig hwnnw treuliodd

D.J. a Florence yr ŵyl gydag Arthur ym Mhort Talbot, ac mae un o straeon Dylan, 'Old Garbo', a gyhoeddwyd yn 1940, ond sydd wedi'i gosod ar ddechrau'r 1930au, hefyd yn cyfeirio at ei dad yn ymweld ag 'Uncle A. in Aberavon'. Roedd Haydn Taylor, gŵr cyntaf Nancy, yn cofio achlysur arall pan oedd Arthur yn ymweld â'r teulu yn Glanrhyd, a'r sefyllfa anghyfforddus a gododd pan aeth Haydn ati i ddynwared dyn oedd yn dioddef o'r tic. Nid oedd wedi sylwi fod Arthur, fel ei ewythr Gwilym Marles, hefyd yn dioddef o'r un cyflwr.[11]

Ond roedd yna gysylltiad arall rhwng D.J. a gweddw a phlant Gwilym Marles. Mae adroddiadau o bapurau newydd y cyfnod yn dangos fod Mary Marles-Thomas a'i phlant wedi ymgartrefu yn Aberystwyth erbyn y 1890au, pan oedd D.J. yn astudio yno. Ar ben hynny, roedd merch Gwilym Marles, Lisa Marles-Thomas, yn fyfyriwr yn yr un flwyddyn ag ef yn y brifysgol yn Aberystwyth. Mae cofnodion o gylchgrawn y brifysgol ar y pryd yn dangos fod y bachgen o Gaerfyrddin yn rhannu nifer o'r un diddordebau â'i gyfnither, a'r ddau yn ystod eu cyfnod yn y coleg yn gwasanaethu ar y pwyllgor cerdd. Nid oes amheuaeth, felly, nad oeddent yn adnabod ei gilydd, ac mae'n anodd credu na chafodd D.J. gyfle i ddod i adnabod ei fodryb, Mary Marles-Thomas, gweddw Gwilym Marles, oedd yn byw yn y Ro Fawr yn y dref gydol y pedair blynedd a dreuliodd yn Aberystwyth.

Wrth bori drwy bapurau newydd y cyfnod o ardal Aberystwyth, mae enwau'r teulu Marles-Thomas yn ymddangos droeon, ac mae'n amlwg eu bod yn deulu talentog a oedd yn chwarae rhan flaenllaw ym mywyd tref Aberystwyth. Roedd un o'r meibion, Theodore, yn wyddonydd ac yn dipyn o bêl-droediwr; aeth i'r llynges fel llawfeddyg, ac yn dilyn ei farwolaeth annhymig yn 1904 cafodd ystafell arbennig ei hagor er cof amdano yn yr Union Jack Club yn y dref. Bu un arall o'r merched, Muriel, yn astudio Ffrangeg yng Ngholeg y Brifysgol, Bangor. Ond enw cyd-fyfyriwr D.J., Lisa, sy'n ymddangos amlaf ym mhapurau newydd y cyfnod.

Fe'i ganed yn 1871, ac er eu bod yn yr un flwyddyn yn y coleg, roedd hi felly ryw bum mlynedd yn hŷn na'i chefnder D.J. Roedd hi'n ferch gerddorol: yn 1894 enillodd Fedal Arian yn ei harholiadau piano, ac roedd hi hefyd yn gantores ac yn actores. Byddai'n perfformio'n gyhoeddus, ac mae adroddiad o'r *Aberystwyth Observer*, 19 Tachwedd 1896, yn nodi iddi berfformio dwy gân yn *soirée*'r coleg: 'Adieu to fair Cambria' a 'The Old Dream'. Fel aelod o'r pwyllgor cerdd gallwn fod yn weddol sicr fod ei chefnder D.J. yn gwrando arni.

Bu hefyd yn diddanu trigolion tloty'r dref mewn cyngherddau, ac mae'n amlwg fod gan ei mam, Mary Marles-Thomas, gysylltiad â'r sefydliad hwnnw: ym mis Rhagfyr 1898 mae'r *Aberystwyth Observer* yn nodi fod gwragedd a phlant o'r tloty wedi'u gwahodd i gartref Mrs Marles-Thomas ar ôl cyngerdd gan Miss Marles-Thomas. Roedd gofal Gwilym Marles dros y tlodion yn amlwg yn rhan bwysig o fywyd y teulu o hyd, er bod yr adroddiadau hyn am y teulu yn awgrymu diddordebau mwy *genteel* nag eiddo eu tad radicalaidd. Yn wir, yn 1896 mae nodyn yn yr *Aberystwyth Observer* yn nodi fod Miss Marles Thomas yn un o'r actorion oedd yn ymddangos yn y comedi 'Caste' oedd i'w pherfformio yn y Pareezer Hall yn y dref, 'under the distinguished patronage of the Right. Hon. the Earl and Countess of Lisburne'. Mae'n ymddangos y bu ychydig o gadoediad

yn y berthynas boenus rhwng byddigions Ceredigion a theulu
Gwilym Marles.

Gadawodd Lisa Marles-Thomas y brifysgol yn 1897, ac aeth i fyw
yn India yn y pen draw. Yn 1954 ysgrifennodd at Athro Saesneg
y brifysgol yn Aberystwyth i egluro'r union berthynas rhwng
Dylan Thomas a Gwilym Marles:

> Dylan's grandfather Evan Thomas was my father's brother. As
> a child I recall going to their lovable cottage – rose-covered
> and surrounded by a large garden. As I read Dylan's poems
> I was much touched by his reference to the 'currant bushes'.
> I know then they were the first picture that brought the
> cottage home and his close link with it vividly to my thought.[12]

Yn sicr, roedd Lisa Marles-Thomas wedi colli cysylltiad â'i
chefnder D.J. dros y blynyddoedd: yn y llythyr mae'n nodi na welodd
ef er 1897, ac mai yn ddiweddar y canfu hi pwy oedd Dylan Thomas.
Ond mae'n amlwg ei bod yn gyfarwydd ddigon â gwaith Dylan gan
ei bod yn nodi am Gwilym Marles: 'He would have been a hero to
Dylan as he no way belonged to the stereotype orthodox Welsh
minister!'

Tybed a wyddai hi fod D.J. wedi rhoi'r enw Marlais ar ei fab? Nid
yw'r llythyr yn nodi hynny. Ond mae'n hawdd credu fod y
Miss Marles-Thomas hon wedi creu cryn argraff ar ei chefnder iau pan
oedd y ddau yn gyd-fyfyrwyr yn Aberystwyth. D.J. oedd yr unig aelod
o'i deulu agosaf i fynd i'r brifysgol, ac roedd statws cymdeithasol
yn bwysig iddo. Byddai'r ffaith ei fod yn perthyn i deulu amlwg a

thalentog – nid yn unig Gwilym Marles ei hun, ond yr aelodau iau hefyd – wedi bod yn destun balchder mawr iddo. Nid oes rheswm ar glawr pam fod D.J. wedi rhoi'r sillafiad 'Marles' ar enw canol ei ferch, a 'Marlais' ar enw canol ei fab. Ond pan ddaeth hi'n bryd enwi Nancy Marles Thomas (fu hefyd yn actores frwd yn ei hieuenctid), mae'n bosib iawn fod y Miss Marles-Thomas ddisglair oedd yn serennu ar lwyfannau Aberystwyth ddeng mlynedd ynghynt ar ei feddwl lawn cymaint â Gwilym Marles ei hun.

Ond a ellir mynd gam ymhellach a honni fod Gwilym Marles wedi bod yn ddylanwad uniongyrchol ar Dylan Thomas ei hun? Mae'n bur debyg fod gan D. J. Thomas le ar ei silffoedd ar gyfer llyfr ei ewythr, ac efallai'r casgliad gan O. M. Edwards hefyd. Eto i gyd, ni fyddai Dylan wedi'u darllen: nid oedd ganddo ddigon o Gymraeg i ddarllen yr iaith. Ond roedd perthynas D. J. Thomas â'i fab yn un a barodd gydol oes Dylan i bob pwrpas, gan mai cwta flwyddyn oedd yna rhwng marw'r ddau. Hyd yn oed ar ôl gadael cartref ei rieni deuai Dylan a Caitlin i fyw gyda D.J. a Florence am gyfnodau, a daeth y rhieni'n lletywyr iddyn nhw hefyd am gyfnod pan oedden nhw'n byw ger Rhydychen ar ddiwedd y 1940au. Talacharn oedd cartref olaf y ddau a byddai Dylan yn ymweld â'i rieni yn ddyddiol. Nid yw'n anodd credu y byddai D.J. wedi trafod Gwilym Marles gyda'i fab, a sôn gyda balchder am ei enwogrwydd yn ei ddydd ac am ei gyfraniad mewn cynifer o feysydd. Fel y dywed y beirniad M. Wynn Thomas wrth gymharu rhai o ddaliadau Dylan â rhai ei hen ewythr, 'he was the descendant of a theologically radical Welsh Unitarian and it does make sense to discern traces in his work of this rich cultural legacy neglected by Thomas's biographers and commentators yet perhaps not entirely unknown to Dylan Marlais Thomas himself'.[13]

1   D. Jacob Davies, *Y Fflam Fyw* (Cymdeithas Undodiaid Deheudir Cymru, 1968), tt.23–4

2   Gw. Nansi Martin, *Gwilym Marles* (Cymdeithas Undodiaid Deheudir Cymru, 1979), tt.57–8

3   D. Jacob Davies, *Y Fflam Fyw*, t.21

4   Nansi Martin, *Gwilym Marles*, t.15

5   Nansi Martin, *Gwilym Marles*, tt.16–17

6   Gwilym Marles, *Prydyddiaeth* (Castell Newydd Emlyn, 1859), t.9

7   *Y Gwladgarwr*, 3 Rhagfyr 1859

8   Nansi Martin, *Gwilym Marles*, tt.16–17

9   Gw. *Y Celt*, 30 Awst 1895 a 20 Rhagfyr 1895

10 Ac mae Dylan yn annog ei ewythr i fynd i weld y ffilm *Dumbo* os na chafodd gyfle i wneud hynny eto: 'It's one of the very best I've seen'.

11 Andrew Lycett, *Dylan Thomas: A New Life* (arg. clawr papur, Phoenix, 2004), t.55

12 Dyfynnir yn Jeff Towns, *Dylan Thomas: Word and Image* (Swansea Leisure, 1995), t.7

13 M. Wynn Thomas, *In the Shadow of the Pulpit: Literature and Nonconformist Wales* (Gwasg Prifysgol Cymru, 2010), t.243

Teulu Glanrhyd

Erbyn hyn mae'n hen bryd ffarwelio â Chymru Oes Fictoria, a siroedd Aberteifi a Chaerfyrddin. Mae'r ddrama wedi symud o'r wlad i'r dref, ac mae hynny wedi dod â rhai newidiadau sylfaenol yn ei sgil. Pan gaiff Dylan Marlais Thomas ei eni yn 5 Cwmdonkin Drive, Abertawe, ar 27 Hydref 1914, yr un yw'r enw ar y drws â hwnnw ar gartref enedigol Gwilym Marles, sef – Glanrhyd. Ond Saesneg yw prif iaith y cartref hwn bellach – ac unig iaith y ddau blentyn sy'n cael eu magu yno.

Roedd rhieni Dylan yn rhan o'r symudiad a welodd 388,000 o bobl yn ymfudo o ardaloedd gwledig Cymru i ardaloedd trefol rhwng 1851 ac 1911, ynghanol berw'r chwyldro diwydiannol. Nid y diwydiannau trwm ond byd addysg ddaeth â D.J. i Abertawe, fodd bynnag. Cafodd swydd fel athro Saesneg yn Ysgol Ramadeg Abertawe, ac erbyn Hydref 1914 roedd ef a'i wraig feichiog a'u merch saith oed, Nancy, wedi ymgartrefu mewn tŷ pâr cyfforddus ar stryd serth yn un o ardaloedd bonheddig y dref, sef yr Uplands.

Un o Abertawe oedd mam Dylan Thomas, ond roedd ei gwreiddiau hi, fel rhai ei gŵr, yn sir Gaerfyrddin. Florence oedd yr ieuengaf o un plentyn ar ddeg George ac Anna Williams. Fel Thomas the Guard, roedd George Williams hefyd yn gweithio ar y rheilffyrdd, gan symud o Gaerfyrddin i ardal St Thomas, Abertawe, yn y 1860au. (Yn ôl y sôn, roedd George Williams wedi cenhedlu plentyn gyda chwaer ieuengaf Anna, a dyna pam y bu'n rhaid iddyn nhw adael yr ardal).[1] Yno y ganed Florence yn 1882, ond treuliodd lawer o'i hieuenctid yn ne sir Gaerfyrddin lle roedd ganddi berthnasau niferus, yn arbennig yng nghyffiniau Llan-y-bri a Llan-gain. Yn ôl pob sôn, roedd hi'n ferch fywiog, siaradus, â llond pen o wallt cyrliog. Efallai nad oedd ganddi hi berthynas enwog fel Gwilym Marles yn ei hachau, ond roedd yn aelod o deulu parchus yng ngolwg y gymdeithas, er gwaethaf sgandal teuluol y plentyn a genhedlwyd y tu allan i briodas gan ei thad. Ar yr wyneb roedd e'n ddyn crefyddol, yn ddiacon gyda'r Annibynwyr yng Nghapel Canaan yn Abertawe, a chafodd brawd hynaf Florence, Thomas, ei ordeinio. Priododd ei chwaer Theodosia un o weinidogion Canaan, y Parchedig David Rees, cyn iddo symud i Gapel Paraclete ym mhentref Newton, ger y Mwmbwls. Nid oes prinder 'Parchs' – a defnyddio un o'i hoff eiriau – yn nheulu Dylan Thomas. Honnai Florence mai yn y capel y cyfarfu hi a'i darpar ŵr, yr ysgolfeistr D. J. Thomas. Go brin fod hynny'n wir o ystyried ei fod e'n anffyddiwr; ond, fel y dywed yr hanesydd Deirdre Beddoe, y capel oedd yr unig fan cyhoeddus y dylai merch 'barchus' o'r cyfnod gael ei gweld y tu allan i'r cartref [2] ac felly roedd yn stori addas i'w lledaenu. Ac roedd ymddangos yn barchus yn bwysicach i Florence na chadw at y gwir: ymhen blynyddoedd byddai'n dweud wrth gymdogion fod ei mab yng nghyfraith wedi marw, yn hytrach na chyfaddef fod Nancy wedi cael ysgariad.

Yn ôl y cofiannydd Paul Ferris, y gwir oedd ei bod wedi cyfarfod â D.J. mewn ffair yn Nhre Ioan, y ddau wedi teithio o Abertawe i

Gaerfyrddin i ymweld â pherthnasau, mae'n debyg. Beth bynnag oedd y stori go iawn, erbyn i'r ddau briodi ar 30 Rhagfyr 1903, roedd ganddi rywbeth arall i'w gelu, sef ei bod yn disgwyl plentyn. Nid oes cofnod o'r hyn a ddigwyddodd i'r baban hwnnw, ond mae'n bur debyg y bu farw naill ai yn y groth, ar ei enedigaeth, neu'n fuan iawn wedi hynny. Mae'r tebygolrwydd fod D.J. a Florence wedi 'gorfod' priodi yn bwysig, oherwydd mae sawl un wedi'i chael hi'n anodd deall beth oedd gan y ddau yma yn gyffredin. Dyn sych a syber oedd D.J., a'i drwyn yn ei lyfrau, ond dynes hwyliog oedd Florence, wrth ei bodd mewn cwmni. Bu'n briodas hir – am hanner canrif, bron – ond mae tipyn o dystiolaeth nad oedd y ddau yn arbennig o hapus yng nghwmni ei gilydd.

Efallai fod y Fam Gymreig, fel y nododd sawl sylwebydd, yn gymysgedd o fyth a realiti, ond roedd cryn dipyn ohoni yn Florence. Cyn priodi bu'n gweithio fel gwniadwraig mewn siop, ond roedd priodi yn golygu setlo i ofalu am y tŷ a'r plant, gyda help morwyn, yn ôl yr hyn oedd yn ddisgwyliedig i wraig o statws, gwraig un o athrawon yr ysgol ramadeg. Y stydi oedd teyrnas D.J., ond yn y gegin y byddai Florence; flynyddoedd yn ddiweddarach, byddai ei merch yng nghyfraith Caitlin yn cofio amdani 'in her eternal gesture of cutting endless slices of that delicious bread and butter: so thin, as she told Dylan as a child and as she told our children later, that you could see London through it,'[3] ac yn parablu'n ddi-baid. Mae ei hwyres Aeronwy Thomas yn ysgrifennu'n hiraethlon am dreulio amser yng nghwmni ei mam-gu yn y gegin, yn gwrando arni hi a'i pherthnasau benywaidd niferus yn hel clecs yn Gymraeg. Hoffai Florence weld pethau'n 'neis' – a'i geiriau wrth weld ei mab yn ei arch ar ddiwrnod ei angladd oedd 'But he's *nice*.'[4]

Mewn llythyron at ei ffrindiau, poenai Dylan fod ei fam yn siarad gormod – yn eironig gan ei fod yntau'n euog o'r un drosedd yn aml iawn – a'i bod yn 'vulgar', ond roedd yn cydnabod ei bod yn ddynes garedig.

Ond roedd Dylan hefyd yn fab i'w dad, ac yn ddi-os, gan ei dad yr etifeddodd ei gariad at lenyddiaeth. Honnai Dylan fod D.J. yn darllen Shakespeare iddo yn bedair oed, a diolch i lythyr a ysgrifennodd Dylan yn ddyn ifanc, gwyddom pa lyfrau oedd ganddo ar silffoedd ei stydi yn ystafell ganol Glanrhyd – ei noddfa rhag yr hyn a ystyriai yn gleber wast ei wraig. (Diolch byth fod Dylan yn ymhyfrydu mewn clywed sgwrsio o'r fath, ac mae ei ryddiaith yn dangos pa mor astud yr oedd yn gwrando ar eiriau ei fam a'i pherthnasau.) Yn ôl y llythyr, roedd ei stydi yn cynnwys 'a room full of all the accepted stuff, from Chaucer to Henry James; all the encyclopaedias and books of reference, all Saintsbury, and innumerable books on the theory of literature. His library contains nearly everything that a respectable highbrow library should contain.'[5] Nid yw'r llythyr hwn yn cyfeirio at lyfrau Cymraeg, ond gwyddom fod D.J. wedi bod yn pori yn y Mabinogi cyn dod o hyd i'r enw Dylan. Ond llenyddiaeth Saesneg oedd ei brif ddiddordeb. Yn ddiweddarach byddai Dylan yn nodi sawl gwaith nad oedd yn gyfarwydd o gwbl â'r traddodiad llenyddol Cymraeg, felly mae un peth yn sicr: hyd yn oed os oedd llyfrgell D. J. Thomas yn llawn llyfrau Cymraeg, ni fu i'r mab ddangos fawr o ddiddordeb ynddyn nhw.

Ni wyddom ychwaith ym mha iaith yr oedd D.J. yn barddoni, os ydym yn derbyn y farn gyffredinol ei fod yn fardd, yn fardd a gafodd ei siomi gan yr ymateb i'w gerddi. Oherwydd ei gariad at lenyddiaeth Saesneg, y gred oedd mai yn Saesneg yr ysgrifennodd, ond mae'n gwbl bosib ei fod wedi llenydda yn Gymraeg. Tybed a gafodd gam gan ryw feirniad eisteddfodol yn rhywle? Hawdd credu y byddai D.J. – dyn balch, hunanbwysig, ffroenuchel – yn sorri go iawn pe bai rhyw fardd talcen slip, rhyw fardd gwlad hwyrach, heb radd ddosbarth cyntaf mewn llenyddiaeth (Saesneg) o Brifysgol Cymru, wedi'i guro mewn eisteddfod rywdro.

Stori arall sydd heb dystiolaeth i'w chefnogi ond a allai fod yn wir yw fod D. J. Thomas wedi ceisio am swydd yn adran Saesneg y Brifysgol yn Abertawe – ac, unwaith eto, wedi'i siomi. Yn sicr, nid oedd yn athro bodlon ar fechgyn ysgol. Credai fod ei dalentau'n haeddu gwell. Roedd yn athro llym, ac mae mwy nag un wedi sôn fod ar y disgyblion – a'r athrawon eraill – ei ofn. Un o gyfeillion pennaf Dylan Thomas yn ei ddyddiau ysgol oedd y cyfansoddwr Daniel Jones, a fu hefyd yn ddisgybl i D. J. Thomas. Nid oes ganddo air da i'w ddweud am ei athro. Teyrn o ddyn ydoedd, yn ôl Daniel Jones, ac mae'n rhestru sawl digwyddiad i gefnogi ei farn. Mae'n cofio un bachgen yn cael crasfa filain yn y dosbarth am fentro pwffian chwerthin yn ystod darlleniad o waith Wilfred Owen; roedd y disgyblion eraill yn credu y byddai D.J. yn lladd y bachgen anffodus, meddai, ond eu bod yn rhy ofnus i symud gewyn i'w amddiffyn. Roedd Daniel Jones ei hun yn ddisgybl talentog mewn sawl pwnc, ac yn yr ysgol a'r brifysgol, llenyddiaeth Saesneg oedd ei brif faes. O dan ddylanwad D. J. Thomas ceisiodd ddarllen gwaith y nofelydd George Meredith, ond ymateb brathog ei athro pan gyfaddefodd y crwt ysgol nad oedd yn cael hwyl arno oedd: 'I'm not at all surprised, Jones; Meredith is strictly for the Intellectual Man.'[6] Os jôc oedd y sylw, nid oedd ei ddisgybl yn gweld y doniolwch bron i hanner canrif yn ddiweddarach. Ar adeg arall, medd Daniel Jones, dewisodd D.J. anwybyddu ei dad yntau ar ôl iddo gyflwyno'i hun iddo mewn tram, er bod ei fab Dylan yn treulio'i holl amser ar aelwyd Daniel Jones y pryd hwnnw.

Nid oedd angen rheswm dilys ar D.J. i fod yn flin. Gallai'r peth lleiaf godi'r felan arno, ac wrth iddo heneiddio a'i iechyd yn dirywio, gwaethygodd ei hwyliau. Yn ôl ei wyres Aeronwy, tua diwedd ei oes byddai'n mynd mor bell ag Abertawe pan fyddai'r carthion yn cael eu gwagio o'r pwll y tu allan i'w gartref ym Mlaen-cwm, ger Llan-y-bri, sir Gaerfyrddin. Byddai bod yn bresennol yn ystod gorchwyl o'r fath yn ei atgoffa pa mor bell yr oedd ei statws mewn bywyd wedi gostwng.[7] Mae Daniel Jones hefyd yn cofio Dylan yn dweud wrtho am ddigwyddiad nodweddiadol pan oedd y bardd a'i rieni yn aros mewn cartref dymunol iawn ger Rhydychen. Agorodd D.J. y ffenest a dweud, a'i lais yn llawn gwenwyn, 'Grass! Grass! everywhere – nothing but grass!'[8]

Wedi dweud hynny, roedd rhai o'i gyn-ddisgyblion yn ei gofio gyda mwy o barch. Yn ôl yr awdur a'r newyddiadurwr Charles Fisher, un arall o gyfeillion Dylan, gwersi D.J. oedd yr unig rai yr oedd yn talu sylw iddynt. Mewn cyfweliad â'r newyddiadurwr Alun Thomas ar gyfer BBC Radio Cymru yn 2013, cofiai dyn o'r enw Vernon Davies, un o gyd-ddisgyblion Dylan yn yr ysgol ramadeg, yn dda am D.J., ac am yr help a gawsai er mwyn sicrhau ei fod yn llwyddo wrth astudio Saesneg yn y chweched dosbarth:

> Ac o'dd e'n ŵr bonheddig – yn ei wersi o'dd e wastad wedi gwisgo fel toff, *cufflinks*, a tipyn bach o *handkerchief* mas,

a tamed bach o *handkerchief* ar ei got lapel, siwt smart. Un diwrnod, dyma un o'r bechgyn drwg, *C stream*, yn neud sŵn na ddyle fe ddim, a o'dd D.J. mas o hwyl pryd 'ny siŵr o fod, a dyma fe – *Golden Treasury* oedden ni'n darllen – dyma fe'n taflu'r *Golden Treasury* o un pen o'r stafell i'r nall, a dweud, 'I thought I came here to teach the gems of English Literature to boys, not to teach manners to a pigsty full of swine.' 'Na'r unig dro weles i erioed dad Dylan yn colli ei dymer. 'Na'r fath ddyn oedd e.[9]

Mae sawl un wedi sôn hefyd am ei lais cyfoethog, yn arbennig wrth ddarllen barddoniaeth. Byddai, mae'n debyg, yn siarad yn gywir iawn, a rywle rhwng Tre Ioan, Aberystwyth ac Abertawe roedd unrhyw arlliw o acen Gymreig wedi diflannu. Nid oedd gan lawer o'i ddisgyblion na'i gyd-weithwyr y syniad lleiaf ei fod yn Gymro Cymraeg.

Ac roedd safonau'r Gymraeg yn fater arall a ofidiai D. J. Thomas. O'r holl resymau a gynigir i esbonio pam na ddysgodd Dylan Thomas iaith gyntaf ei rieni ar yr aelwyd, un posibilrwydd yw fod D.J. yn casáu clywed unrhyw iaith sathredig. Yn ôl Paul Ferris, a fu'n cyf-weld Florence Thomas tua diwedd ei hoes, roedd D.J. wedi gwahardd ei wraig rhag siarad Cymraeg yn ei bresenoldeb, oherwydd nad oedd ei 'Swansea Welsh' hi yn ddigon da.[10] Yn ôl ei fab yng nghyfraith, Haydn Taylor, byddai hefyd yn chwerthin ar ei phen am siarad yr iaith ym mhresenoldeb y rheiny nad oedd yn ei deall.[11] Yn sicr, mae'r rheiny oedd yn ei gofio yn siarad Cymraeg o gwbl yn nodi fod ganddo Gymraeg – a Saesneg – da. Mae Paul Ferris yn nodi sut yr oedd D.J. yn gwylltio tua diwedd ei oes o glywed y casglwr tocynnau ar y bws rhwng Caerfyrddin a Llan-gain yn gweiddi 'Stopo!' pan fyddai'r bws yn aros, yn hytrach na dewis gair mwy safonol. Pe bai *Taro'r Post* yn bodoli yng Nghymru'r 1950au, byddai D. J. Thomas o sir Gaerfyrddin yn sicr wedi bod yn gyfrannwr cyson a blin ar safonau iaith.

Pwy a ŵyr nad oedd y ferch, Nancy, a oedd saith mlynedd yn hŷn na Dylan, wedi cael rhywfaint o Gymraeg gan ei rhieni – ond i D.J. ffrwydro'r tro cyntaf iddi ddefnyddio ffurf sathredig ar ryw air neu'i gilydd, a phenderfynu mai Saesneg fyddai unig iaith yr aelwyd wedi hynny? Roedd yn beth cymharol gyffredin yn y dyddiau hynny i'r Gymraeg fod ar leferydd y plant hŷn, ond iddi ddiflannu ymhlith y plant iau. Fodd bynnag, cafodd Dylan a Nancy eu gyrru am wersi ynganu i sicrhau nad oedd arlliw o Gymreictod ar eu Saesneg, ychwaith. Bwriad ei dad, meddai Caitlin Thomas, oedd gwneud Dylan yn ŵr bonheddig, ac nid oedd y Gymraeg nac acen Gymreig yn gweddu i'r syniad hwnnw. [12]

Ond beth bynnag am resymau penodol D. J. Thomas ei hun, roedd profiad ieithyddol Dylan yn un cyffredin. Yn wir, colli'r iaith oedd y norm ymhlith cyfoedion Dylan. Yn 1949 bu'n rhan o ddarllediad arbennig i'r BBC o dan y teitl *Swansea and the Arts* gyda'i gyfeillion a'i gyd-artistiaid Vernon Watkins, John Prichard, Alfred Janes a Daniel Jones – y criw y byddid yn cyfeirio atynt ymhen blynyddoedd wedyn fel y 'Kardomah Gang'. Yn ystod y rhaglen mae John Prichard yn nodi fod gan bob un o'r cwmni o leiaf un rhiant oedd yn medru'r iaith, ond nad oedd y Gymraeg ar dafod yr un o'r meibion. [13] Ganed y genhedlaeth hon i gymdeithas ddwyieithog:

yn ôl cyfrifiad 1911, roedd 60% o boblogaeth Morgannwg yn uniaith Saesneg, a'r Gymraeg yn iaith leiafrifol yn ei gwlad ei hun am y tro cyntaf. Ac roedd mwy a mwy o Gymry dwyieithog fel D.J. yn barod i gofleidio'r iaith Saesneg wrth droi eu cefn ar eu cefndir gwledig. Yng ngeiriau Geraint H. Jenkins:

> Darlunnid y Gymraeg ... fel iaith dlawd, blwyfol, eilradd, ac
> ymhlith y rhai a'i dilornai fwyaf yr oedd *bourgeoisie* uchelgeisiol
> Cymru ei hun. Ym mhair ieithyddol de Cymru, dewisai niferoedd
> cynyddol o bobl siarad Saesneg nid yn unig oherwydd ei bod yn
> mynegi hyder y diwylliant trefol, diwydiannol ond hefyd am ei
> bod yn cynnig ffenestr newydd i edrych ar y byd.[14]

Mae'n bur debyg nad oedd y Gymraeg, mwy na gwaredu'r carthion, yn gydnaws chwaith â statws D. J. Thomas yn ôl ei safonau ef ei hun. Ac, wrth gwrs, nid oedd lle i'r Gymraeg yn yr ysgolion gramadeg lle roedd e'n dysgu, a lle cafodd cenhedlaeth ei fab ei haddysg.

Erbyn heddiw, ar ôl blynyddoedd o esgeulustod gan berchnogion blaenorol, mae Glanrhyd – 5 Cwmdonkin Drive – wedi'i adfer yn gariadus iawn gan gwpwl lleol, Ann a Geoff Haden, a'i agor fel atyniad i ymwelwyr. Gellir hyd yn oed llogi'r cartref fel llety, a chysgu'r nos yn yr ystafell fechan drws nesaf i'r boeler fu'n ystafell wely i Dylan gydol ei blentyndod. Mae'r tŷ erbyn hyn wedi'i ddodrefnu yn null 1914, ac mae'n amlwg ei fod yn gartref cysurus, er efallai nad oedd yr awyrgylch yn gynnes iawn bob amser. Prynodd D.J. a Florence rif 5 Cwmdonkin Drive ychydig cyn genedigaeth Dylan, gydag enwau'r ddau ar y papurau cyfreithiol, yn groes i arfer y cyfnod; y rheswm tebycaf am hynny yw fod teulu Florence wedi cyfrannu at y gost hefyd. Mae'n ymddangos fod prynu'r cartref hwn wedi rhoi rhywfaint o straen ariannol ar y teulu, ac ar un adeg bu D.J. yn rhoi gwersi Cymraeg gyda'r nos er mwyn ychwanegu at ei incwm. Ni allwn ond dychmygu pa effaith gafodd hynny ar ei hwyliau.

Ganed Dylan yn yr ystafell wely orau, yr ystafell flaen fyddai'n cael ei chadw ar gyfer achlysuron arbennig. Mae'r lluniau ohono'n blentyn yn dangos ei fop o wallt melyn, cyrliog, ac mae golwg digon angylaidd ar y Dylan Marlais ifanc. Roedd ei fam a'i chwaer fawr yn dwlu arno; mae'n werth nodi eto fod D.J. a Florence wedi colli'r plentyn cyntaf hwnnw a genhedlwyd cyn eu priodas, a'r tebygrwydd yw fod yna fabanod eraill wedi marw yn y groth yn ystod y saith mlynedd rhwng geni Nancy a Dylan. Dyma un rheswm pam roedd Florence yn cael ei hystyried yn fam 'ffyslyd', oedd yn maldodi ei mab. Poenai Florence yn ddi-baid am ei iechyd, ac roedd Dylan ei hun yn cwyno oherwydd afiechydon – dychmygol a real – gydol ei oes. Hoffai ddweud ei fod wedi dioddef o'r diciâu, ond nid oes unrhyw dystiolaeth i gefnogi hyn o gwbl. Ond roedd y salwch yn fwgan go iawn yn y cyfnod hwn, yn gyfrifol am 10% o farwolaethau,[15] ac yn arbennig o amlwg mewn ardaloedd gwledig, lle roedd cynifer o berthnasau Florence yn byw. Hawdd credu fod Dylan wedi amsugno'r obsesiwn hwn am y salwch gan ei fam yn ei nerfusrwydd hithau.

Sut blentyn oedd Dylan, felly? Mewn llythyr at ei gariad cyntaf, Pamela Hansford Johnson, mae'n sôn amdano'i hun fel 'a sweet baby, a precocious child, a rebellious boy'[16] ac nid oes rheswm dros amau ei eiriau'r tro hwn. Yn saith oed, cafodd ei anfon i'r hyn a elwir yn

'Dame School' – ysgol breifat i blant ifanc dan ofal gwraig weddw o'r enw Mrs Hole, gam a naid o Cwmdonkin Drive, mewn tŷ teras ar un o strydoedd smart yr Uplands, Mirador Crescent. Nododd Dylan ei hun ei atgofion o'r cyfnod yn y darn hyfryd *Reminiscences of Childhood*, a ddarlledwyd gan y BBC yn 1943:

> The memories of childhood have no order, and so I remember that never was there such a dame school as ours, so firm and kind and smelling of galoshes, with the sweet and fumbled music of the piano lessons drifting down from upstairs to the lonely schoolroom, where only the sometimes tearful wicked sat over undone sums, or to repent a little crime – the pulling of a girl's hair during geography, the sly shin-kick under the table during English literature. Behind the school was a narrow lane where only the oldest and boldest threw pebbles at windows, scuffled and boasted, fibbed about their relations:
> 'My father's got a chauffeur.'
> 'What's he want a chauffeur for, he hasn't got a car.'
> 'My father's the richest man in the town.'
> 'My father's the richest man in Wales.'
> 'My father owns the world.'
>
> (*Dylan Thomas: The Broadcasts*, gol. Ralph Maud, t.19)

Yn y darn arbennig yma mae disgrifiad enwog Dylan o Abertawe fel 'an ugly, lovely town', ac mae'n dweud mai'r dref hon oedd ei fywyd:

> outside a strange Wales, coal-pitted, mountained, river run, full as far as I knew, of choirs and football teams and sheep

and story-book black hats and red flannel petticoats, moved
about its business which was none of mine.

(*Dylan Thomas: The Broadcasts*, gol. Ralph Maud, t.16)

O fewn tafliad carreg i Glanrhyd roedd Parc Cwmdoncyn (sillafiad
Cymraeg yr enw a welir ar arwyddion yno bellach). Yno, cafodd ddegau
o anturiaethau yn crwydro, yn archwilio ac yn anturio, gan danio'i
ddychymyg byw. Yno hefyd daethai wyneb yn wyneb â'r dyn crwca
oedd yn destun un o'i gerddi enwocaf, 'The Hunchback in the Park'.

Ond nid yw'n gwbl wir nad oedd Dylan yn gyfarwydd â'r Gymru
y tu allan i Abertawe, oherwydd fel bachgen ifanc byddai'n treulio
cryn amser gyda'i berthnasau yn sir Gaerfyrddin: deunydd cyfoethog
iawn ar gyfer ei ryddiaith a'i farddoniaeth, fel y cawn drafod yn nes
ymlaen.

Yn ôl tystiolaeth Addie Elliott, y forwyn a fu'n helpu Florence i ofalu
am Dylan yn fachgen ifanc, nid oedd yn mynychu'r ysgol yn rheolaidd
iawn, ond byddai ei dad yn rhoi gwersi ychwanegol iddo. Gallwn fod yn
weddol sicr mai llenyddiaeth Saesneg fyddai'r pwnc bryd hynny. Darllen
a drygioni oedd prif ddiddordebau'r bachgen ifanc, yn ogystal â gwylio
ffilmiau yn sinema'r Uplands. Byddai Florence yn ei lusgo i'r capel ar
y Sul, yn amlach na pheidio draw i Gapel Paraclete, ger y Mwmbwls, i
glywed pregeth ei ewyrth David Rees.

Er bod ei fam yn rhoi'r argraff fod Dylan yn fachgen gwantan, eto
mae digon o dystiolaeth ei fod yn blentyn gwydn. Yn ôl ei gyfaill Guido
Heller, roedd e'n fachgen eithaf 'rough-and-tumble'[17] oedd mor iach
ag unrhyw blentyn arall. Er mai bychan o gorff ydoedd (nes i'r cwrw

ei besgi) roedd yn weddol heini, ac yn 11 oed enillodd ras i fechgyn o dan 15 oed. Yn ôl John Malcolm Brinnin, roedd y toriad papur newydd – sy'n dangos plentyn rhyfeddol o denau – yn nodi ei fuddugoliaeth yn ei feddiant adeg ei farwolaeth. Roedd hefyd yn grwt mentrus, a gâi anhawster i wrthod unrhyw her gan ei gyfoedion, ac ar fwy nag un achlysur torrodd esgyrn mewn damweiniau; a dweud y gwir, roedd hyn yn broblem iddo gydol ei oes.

Yn 11 oed aeth yn ddisgybl i'r ysgol ramadeg lle roedd ei dad yn dysgu; mae'n debygol iawn fod ei dad yn talu iddo fod yno. Yn ôl ei dystiolaeth ei hun, nid oedd Dylan yn fawr o sgolor. Yn y darllediad *Return Journey* mae'r awdur yn dychwelyd i Abertawe wedi'r rhyfel, ac yn hel atgofion am ei fagwraeth a'i ieuenctid yn y dref. Mae'r stori'n dyfynnu geiriau'r athro sy'n cofio sut un oedd y disgybl: 'Oh yes, I remember him well, the boy you are searching for; he looked like most boys, no better, brighter, or more respectful; he cribbed, mitched, spilt ink, rattled his desk and garbled his lessons with the worst of them.'

Yn sicr, nid ef oedd y disgybl mwyaf cydwybodol erioed. Ei brif ddiddordeb heblaw am lenyddiaeth Saesneg oedd actio, a gwnaeth argraff ar nifer o'i gyd-ddisgyblion mewn sawl cynhyrchiad ysgol. Dechreuodd olygu cylchgrawn yr ysgol yn ifanc iawn, ac roedd hyn yn esgus pellach iddo esgeuluso ei wersi. Yn ôl rhai, ni feiddiai'r athrawon roi cerydd iddo gan eu bod yn ofni ymateb D. J. Thomas, a chafodd Dylan rwydd hynt i ymddwyn fel ag y mynnai. Gadawodd yr ysgol heb sefyll unrhyw arholiadau heblaw un yn ei hoff bwnc – Saesneg, wrth reswm.

Ond mae un o drysorau'r Llyfrgell Genedlaethol yn Aberystwyth yn dangos ei fod, efallai, yn well disgybl na'r argraff a roddodd Dylan yn ddiweddarach: sef llyfr ffiseg D. M. Thomas o ddosbarth IVA. Heb os, roedd hwn yn eiddo i fachgen blêr: mae'n frith o smotiau inc, cartwnau a hyd yn oed rhigwm bychan am lygod ffyrnig, ac mae'n hawdd credu ei fod wedi'i anghofio ar waelod y bag ysgol am fisoedd lawer. Ond y rhyfeddod yw fod y marciau yn rhai anrhydeddus iawn, wrth iddo ymlafnio i ddysgu am 'Parallel forces' a 'the Triangle of Forces', gan ennill 9/10 am ei waith ar fwy nag un achlysur. Mae'r llyfr yn awgrymu fod methiant Dylan Thomas fel disgybl ysgol, fel cynifer o elfennau o'i fywyd, wedi'i orliwio.

Ond y gwirionedd yw na fyddai Dylan Thomas ar unrhyw adeg yn ei fywyd yn un i ymlafnio'n rhy galed os nad oedd y mater o dan sylw o ddiddordeb iddo. Yn ôl ei gyfaill Daniel Jones, byddai'n osgoi unrhyw bosibilrwydd o fethu, ac er gwaethaf ei ddiddordeb brwd mewn barddoniaeth, nid aeth ati i ddarllen clasuron llenyddiaeth mewn ieithoedd eraill. Meddai Daniel Jones, gyda mwy nag awgrym o'r hyn oedd ar ei restr ddarllen yntau:

> He would not struggle with French to read Verlaine, with Italian to read Leopardi, with Russian to read Blok, or, to come nearer home, with Old English to read *Beowulf* or with Middle English to read *The Pearl*. Dante, Chaucer, Molière, Goethe, Pushkin, were mere names to him, and, even if he was secretly dissatisfied with this situation, he still was unwilling that it should be otherwise at any cost to himself.[18]

Yn wahanol i'w gyfaill arall, y bardd Vernon Watkins, ni fyddai Dylan yn ymdrechu i ddysgu darllen Cymraeg fel oedolyn er mwyn gallu gwerthfawrogi mawredd y traddodiad barddol. Yn ôl ei wraig Caitlin, byddai wedi hoffi siarad Cymraeg, ond roedd yn rhy ddiog i ddysgu. Pan dreuliodd ychydig fisoedd yn yr Eidal ni thrafferthodd i ddysgu dim o'r iaith. Os nad oedd gweithgaredd o ddiddordeb a defnydd uniongyrchol i Dylan, ni fyddai'n codi bys at y gwaith. Roedd yn agwedd a fyddai'n caniatáu iddo dreulio gweddill ei ddyddiau ar ôl gadael yr ysgol yn anelu at ei unig nod, sef bod yn fardd.

1 Gw. David N. Thomas (gol.), *Dylan Remembered: Volume One 1914–1934* (Seren: 2003), t.185

2 Gw. Deirdre Beddoe, *Out of the Shadows: A History of Women in Twentieth-century Wales* (Gwasg Prifysgol Cymru, 2000), t.12

3 Caitlin Thomas, *My Life with Dylan Thomas: Double Drink Story* (adarg., Virago, 2012), t.31

4 Daniel Jones, *My Friend Dylan Thomas*, (J. M. Dent, 1977), t.14

5 Llythyr at Pamela Hansford Johnson, yn Paul Ferris (gol.), *Dylan Thomas: The Collected Letters*, (J. M. Dent, 1985), t.76

6 Daniel Jones, *My Friend Dylan Thomas*, t.15

7 Aeronwy Thomas, *My Father's Places* (Constable, 2009), t.50

8 Daniel Jones, *My Friend Dylan Thomas*, t.15

9 Dyfyniad o'r *Post Cyntaf*, BBC Radio Cymru, 21 Tachwedd 2013

10 Paul Ferris, *Dylan Thomas: The Biography* (arg. newydd; Y Lolfa, 2006), t.43

11 Jonathan Fryer, *Dylan: The Nine Lives of Dylan Thomas*, (Kyle Cathie Limited, 1993), t.16

12 Caitlin Thomas, *My Life with Dylan Thomas: Double Drink Story*, t.100

13 *Swansea and the Arts*, darlledwyd gan y BBC Hydref 1949 (cyhoeddwyd gan Tŷ Llên Publications, 2000)

14 Geraint H. Jenkins (gol.), *Iaith Carreg fy Aelwyd: Iaith a Chymuned yn y Bedwaredd Ganrif ar Bymtheg* (Gwasg Prifysgol Cymru, 1998), t.20

15 John Davies, *Hanes Cymru* (arg. newydd, Penguin, 1992), t.476

16 Gw. Paul Ferris (gol.), *Dylan Thomas: The Collected Letters* (J. M. Dent, 1985), t.43

17 Gw. David N. Thomas (gol.), *Dylan Remembered: Volume One 1914–1934*, t.67

18 Daniel Jones, *My Friend Dylan Thomas*, t.68

Y Dylan Ifanc

Gwelsom eisoes mai dylanwad D. J. Thomas oedd yn gyfrifol am gariad ei fab, Dylan, at lenyddiaeth. Hawdd credu mai'r tad benderfynodd mai bardd fyddai'r bachgen, yn llinach anrhydeddus Gwilym Marles wrth gwrs. Ond roedd cyfraniad Florence yn bwysig hefyd, ac yn ôl Caitlin Thomas y cyfuniad o'r ddau riant yma greodd y bardd yn Dylan:

> Dylan helped himself freely – it was like a second helping
> for him – from his father's accumulated food of poetry. And
> with all the power of his mother's sunny personality, he put it
> across into poetry. Among the three of them, it could not fail,
> it was a pushover. Between these two opposite extremes –
> an ingoing father, who, when he should have spoken out, said
> nothing, and an outgoing mother, who, even if there was one
> thing she ought not to have said, automatically said it –
> willy-nilly, a poet was born. It was a lucky dip.[1]

Ond os oedd yn ffodus o'i rieni, roedd hefyd yn hynod ffodus yn ei ffrindiau bore oes. Rydym eisoes wedi cyfarfod ag un o'r rhai pennaf, sef Daniel Jones, ddaeth i'r amlwg yn ddiweddarach yn ei oes fel cyfansoddwr – y Cymro cyntaf erioed i gyfansoddi symffoni.

Os oedd Dylan yn ddisgybl diog, nid felly'r bachgen peniog yma. 'Dyn y dadeni' ydoedd, yn ôl ei gyfeillion, a chanddo wybodaeth helaeth am bynciau eang, ond yn arbennig felly am gerddoriaeth a llenyddiaeth. Roedd tad Daniel yn Gymro Cymraeg, yn Eisteddfodwr, ac yn gerddor, a'i fam hefyd yn ddynes artistig, ac wedi arddangos ei gwaith tapestri yn Llundain. Roedd Daniel ddwy flynedd yn hŷn na Dylan, ac yn byw taith ddeng munud ar droed o Cwmdonkin Drive, yn Eversley Road yn ardal Sgeti. Warmley oedd enw'r cartref hwn ac roedd yn enw addas ar aelwyd gynnes, ddifyr, groesawgar, a oedd yn dipyn mwy bohemaidd na'r Glanrhyd syber. Roedd cadw cartref twt yn grefydd i Florence, a D.J. yn credu ei fod yn gweld ac yn clywed digon ar y plant yn yr ysgol, ond yn ôl Daniel Jones nid oedd ots gan ei rieni ef am na sŵn na blerwch. Treuliodd Dylan oriau maith yn y tŷ hwn yn ystod ei arddegau, a chafodd awyrgylch y cartref a'r berthynas greadigol rhwng y ddau lanc llengar ddylanwad mawr arno.

Dau fachgen llengar, ie, ond dau fachgen drygionus hefyd. Mae'r cyfarfyddiad cyntaf rhwng y ddau wedi'i anfarwoli yn un o straeon byrion Dylan, 'The Fight'. Fel gyda phob stori o eiddo Dylan Thomas, ni ddylid cymryd pob gair fel deddf, ond mae'n sicr fod cryn dipyn yn ffeithiol gywir yn y stori hon. Yn ôl y stori, cyfarfu'r ddau fachgen pan oedd Dylan yn brysur yn taflu afalau a cherrig at ddyn o'r enw Mr Samuels oedd yn byw ger yr ysgol ramadeg. Yn sydyn, mae bachgen dieithr yn ei wthio i lawr y llethr, a dyma'r ddau yn dechrau ymladd. Ond o fewn dim mae'r bechgyn wedi troi ar eu gelyn cyffredin, Mr Samuels druan, ac yn troi i edmygu clwyfau'r naill a'r llall. Yn y stori, mae Dylan yn galw ar ei gyfaill newydd 'Dan' – a froliai ei

fod eisoes wedi cyfansoddi saith nofel hanesyddol – y noson honno.
Yn y stori mae'n disgrifio'r tŷ fel un ysblennydd o anniben, ac roedd
yr awyrgylch bohemaidd yno yn falm i'w enaid. Mae'r stori yn ein
cyflwyno ni i dad Dan, Mr Jenkyn (Jenkyn Jones oedd ei enw mewn
gwirionedd), ac mewn golygfa hyfryd mae'r ddau yn ei weld drwy'r
ffenest allan ar y stryd yn chwifio'i freichiau'n wyllt wrth siarad â
chymydog. I Dylan, mae'n edrych fel pe bai'n ceisio nofio i lawr y stryd,
ond yn ddiweddarach mae'n egluro'r ystumiau: 'I was telling him how
the Swansea and District Male Voice did the Messiah, that's all.'
(*Dylan Thomas: Collected Stories, gol. Walford Davies, t.167*)

Mae llyfr Daniel Jones, *My Friend Dylan Thomas,* yn cadarnhau
fod cryn dipyn o wirionedd yn y darlun yma. Roedd ei dad wrth ei
fodd yn adrodd straeon am y digwyddiadau rhyfeddol a dramatig
fyddai'n dod i'w ran wrth deithio Cymru, ac mae'n anodd credu nad
yw gwreiddiau rhai o straeon *Under Milk Wood* yn deillio o'r hanesion
a glywodd Dylan yn Warmley, cyn bod sôn am ymweld â Cheinewydd
na Thalacharn:

> Most of my father's stories, of course, had to do with Wales.
> He had had a busy career as a National and local Eisteddfod
> adjudicator, and told some hilarious Eisteddfod tales. But the
> most striking stories were about the people he had known
> in the Welsh countryside, people in little Welsh towns and
> villages, their characters, what they did, and what happened
> to them; all of this, characters, comedies, tragedies, were so
> extraordinary that they seemed almost incredible, but they
> were all true. Dylan listened; listened, and later remembered.[2]

Ond nid gwrando yn unig, oherwydd byddai'r ddau fachgen yn treulio oriau yn creu hefyd. Yn dyfeisio gemau gwirion, ond hefyd yn rhoi cynnig ar gerflunio, ar gyfansoddi a pherfformio, ac ar farddoni – gyda'r pwyslais pennaf ar yr hwyl. Wrth ysgrifennu barddoniaeth byddai'r ddau yn cyfansoddi llinellau am yn ail, ac roedd rhai geiriau ac ansoddeiriau yn arbennig yn rhoi pleser mawr i'r bechgyn: mae Daniel Jones yn cofio bod ymadroddion fel 'innumerable bananas', 'wilful moccasin' ac 'a certain Mrs Prothero' yn arbennig o ddoniol yng ngolwg y ddau; mae'n nodi hefyd fod bathwr yr enw Llareggub yn cael hwyl wrth sillafu geiriau am yn ôl yn ei arddegau cynnar.

Byddai'r ddau hefyd yn dyfeisio cymeriadau. Y Rev. Percy oedd eu henw ar gyfansoddwr a pherfformiwr dychmygol nifer o ddarnau cerddorol, a Walter Bram oedd enw awdur eu gweithiau cyfansawdd – y Bram, medd Daniel Jones, oherwydd Bram Stoker; ond mae hefyd yn air Cymraeg anghofiedig am rech, ffaith fyddai wedi diddanu'r ddau fachgen ysgol yn fawr, heb os. Ac roedd un diddordeb arall gan y bechgyn sy'n bwysig o gofio gyrfa Dylan Thomas ymhen blynyddoedd, sef creu rhaglenni radio o dan faner y 'Warmley Broadcasting Corporation'. Diolch i waith dyfeisgar gan gyfaill arall, Tom Warner (ffynhonnell y stori nad oedd Dylan Thomas, yn 17 oed, yn gwybod sut i agor wy wedi'i ferwi; ei fam fyddai'n cyflawni gorchwylion o'r fath ar ei ran o amgylch y ford yn Glanrhyd),[3] roedd cyfres o ficroffonau yn y tŷ yn golygu y gallai'r bechgyn eistedd mewn un ystafell i fyny'r grisiau a 'darlledu' y cyfan i'r lolfa i lawr llawr. Unwaith eto, roedd y trefniant hwn yn cynnig llawer o gyfleoedd nid yn unig ar gyfer creadigrwydd, ond hefyd ar gyfer drygioni. Mae Daniel Jones yn cofio un achlysur pan drefnodd Dylan i Jenkyn Jones glywed 'ar hap' ddarn gan Beethoven yn cael ei chwarae ar y 'radio'; mewn gwirionedd, Daniel ei fab oedd wrthi'n chwarae'r piano i fyny'r grisiau, yn ychwanegu mwy a mwy o gamgymeriadau bwriadol at y darn nes i'w dad weiddi mewn dryswch ar ei wraig, 'Ettie! Listen to this! The world has gone mad!'[4] Ond roedd y tad wrth ei fodd pan ddysgodd mai ystryw gan y bechgyn oedd y cyfan.

Byddai'r ddau hefyd yn 'darlledu' darlleniadau o farddoniaeth ac o ddramâu Shakespeare, a'r teulu cyfan yn ymuno i roi beirniadaeth ar safon y darlleniadau – profiad defnyddiol i Dylan Thomas. Pan aeth i stiwdios y BBC yn Llundain ar gyfer ei ddarllediad cyntaf erioed yn 1937, roedd ganddo eisoes ryw fath o brofiad o sefyll o flaen microffon.

Er bod dwli, chwarae a drygioni yn rhan bwysig o'u cyfeillgarwch, mae'n amlwg eu bod yn ddau fachgen â diddordebau soffistigedig. Mae nodyn yn llaw Dylan at Daniel Jones sydd yng nghasgliad y Llyfrgell Genedlaethol yn rhoi cip arall i ni ar berthynas a diddordebau'r ddau, wrth i Dylan (oedd gartref yn sâl o'r ysgol) ofyn i Daniel alw heibio: 'Will you call up to night at about 6.30? We have the business of the Small Review to attend to. Bring your Rossetti essay to finish it here while I can go on with D.H.L. You shall also get your facts about Mahler or any other composer you like.' Ac, yn ddiddorol ddigon, mae'n ychwanegu: 'We shall be QUITE ALONE'. Na, nid oedd Daniel Jones yn awyddus i dreulio mwy o amser yng nghwmni ei athro Saesneg, D. J. Thomas. Mae'r pynciau trafod yn y llythyr yn awgrymu hwyrach fod y ddau yn gweithio ar gylchgrawn yr ysgol, ond mae'n ddiddorol cymharu'r pynciau trafod â'r hyn a nodir gan Dylan wrth edrych yn ôl ar drafodaethau'r 'Kardomah Gang'. Dyma'r enw ar y criw ffrindiau fyddai'n cwrdd dros goffi yng nghaffi'r Kardomah ynghanol Abertawe, ychydig flynyddoedd yn ddiweddarach, ar ôl iddyn nhw adael yr ysgol. Ymhlith y cyfeillion artistig fyddai'n rhan o'r trafod roedd Mervyn Levy, artist a oedd yn gyfaill i Dylan ers dyddiau ysgol Mrs Hole ar Mirador Crescent; Alfred Janes, artist arall fu'n rhannu ystafell â Dylan yn Llundain yn ystod eu hieuenctid; Charles Fisher, Vernon Watkins a John Prichard. Yn *Return Journey* a ddarlledwyd gyntaf gan y BBC yn 1947, mae'r bardd yn dod yn ôl i'r ddinas wedi i'r cyrchoedd bomio ddinistrio canol Abertawe, ac yn cofio sut oedd bywyd pan fyddai'r criw yn dod at ei gilydd ac yn siarad am:

> Music and poetry and painting and politics. Einstein and Epstein, Stravinsky and Greta Garbo, death and religion, Picasso and girls ...
>
> Communism, symbolism, Bradman, Braque, the Watch Committee, free love, free beer, murder, Michelangelo, ping-pong, ambition, Sibelius, and girls ...
>
> How Dan Jones was going to compose the most prodigious symphony, Fred Janes paint the most miraculously meticulous picture, Charlie Fisher catch the poshest trout, Vernon Watkins and Young Thomas write the most boiling poems.
>
> (*Dylan Thomas: The Broadcasts*, gol. Ralph Maud, tt.183–4)

Roedd cyfarfod â'r criw yma yn destun rhyfeddod i Vernon Watkins, a oedd ychydig flynyddoedd yn hŷn na Dylan a'i ffrindiau ysgol. Pan gyfarfu ef â Dylan am y tro cyntaf, roedd Vernon yn grediniol mai ef oedd yr unig fardd yn Abertawe, gan awgrymu fod trafodaethau'r Kardomah Gang ar y pynciau uchel ael hyn ychydig yn annodweddiadol. Yr un mor annodweddiadol, mae'n debyg, ag y byddai clywed criw o fechgyn ifanc yn eistedd yn y Kardomah ynghanol Abertawe heddiw yn trafod llenorion ac artistiaid. (Oes, mae yna Kardomah yno hyd heddiw, ond er gwaetha'r ffaith ei fod yn edrych fel y dylai fod mewn amgueddfa, nid yr un lle ydyw, ysywaeth, â'r Kardomah gwreiddiol, a ddifrodwyd gan fomiau'r Ail Ryfel Byd.)

Aeth y rhan fwyaf o griw'r Kardomah i astudio'u meysydd arbennig mewn colegau a phrifysgolion, ond nid Dylan. Ar ôl cyfnod lle nad oedd neb yn sicr iawn a oedd e'n ddisgybl yn yr ysgol ramadeg ai peidio, gadawodd Dylan yr ysgol am y tro olaf tua 16 oed heb gymwysterau, a heb unrhyw syniad ynglŷn â'i ddyfodol heblaw am ei ddymuniad i fod yn fardd. Diolch i rai o gysylltiadau ei dad, ac i'w waith yn golygu cylchgrawn yr ysgol, yn 1931 cafodd waith ar y papur lleol, y *South Wales Daily Post*, a oedd ar fin newid ei enw i'r *South Wales Evening Post*.

Er gwaetha'i ddawn gyda geiriau, nid oedd Dylan yn newyddiadurwr dibynadwy. Dechreuodd drwy ddarllen proflenni a chopi newyddiadurwyr eraill, cyn graddio i'r ystafell newyddion. Roedd dysgu llaw fer yn broblem iddo, ac yn ôl ei gyd-weithiwr a'i gyfaill Eric Hughes, 'He had almost every quality of a bad newspaperman. Accuracy meant nothing to him; punctuality meant less.'[5]

Eto i gyd, cawn y teimlad o ddarllen rhyddiaith Dylan Thomas ei fod wedi cael modd i fyw fel newyddiadurwr, ac mae nifer o'i straeon yn cyfeirio'n ôl at y cyfnod hwn. Yn y darllediad *Return Journey*, mae yna atgof o'r achlysur pan aeth un o'r gohebwyr hŷn ag ef i'r marwdy: trodd y cyw newyddiadurwr yn wyrdd. Sonnir hefyd amdano'n gohebu ar gêm bêl-droed yn y Vetch, ac yn ceisio gweithio'r sgôr allan mewn ceisiau: dyn criced oedd Dylan gydol ei oes. A dyma fyddai cynnwys ei lyfr nodiadau, yn ôl y stori:

> 'Called at British Legion: Nothing. Called at Hospital: One broken leg. Auction at the Metropole. Ring Mr Beynon *re* Gymanfa Ganu. Lunch: Pint and pasty at the Singleton with Mrs Giles. Bazaar at Bethesda Chapel. Chimney on Fire at Tontine Street. Walters Road Sunday School Outing. Rehearsal of the *Mikado* at Skewen' – all front page stuff.
> (*Dylan Thomas: The Broadcasts*, gol. Ralph Maud, tt.216 – 17)

Efallai mai cyfeiriad tafod yn y boch yw'r un at y dudalen flaen ond roedd y straeon hyn yn ffynhonnell werthfawr ar gyfer ei ryddiaith, wrth iddo gael golwg ar fywyd bywiog cymeriadau Abertawe a'r cyffiniau, o'r crud i'r bedd. Yn y stori 'Old Garbo' o'r casgliad *Portrait of the Artist as a Young Dog*, cawn enghreifftiau o'r elfen arall oedd yn apelio ato ym mywyd y newyddiadurwr: cyfle i ddod i adnabod y math o ardaloedd a chymeriadau na fyddai wedi bod yn rhan o gylch cymdeithasol teuluoedd dosbarth canol yr Uplands, a dilyn ei ddiddordeb newydd, sef yfed mewn tafarndai. Yn y stori mae'r newyddiadurwr ifanc, sydd wedi bod yn ei swydd ers tair wythnos, yn mynd allan yng nghwmni'r hen law, Mr Farr. Dyma'r darlun cofiadwy ohono'n aros am ei fentor yn nhafarn The Three Lamps:

I leant against the bar, between an alderman and a solicitor,
drinking bitter, wishing that my father could see me now
and glad, at the same time, that he was visiting Uncle A. in
Aberavon. He could not fail to see that I was a boy no longer,
not fail to be angry at the angle of my fag, and my hat and
the threat of the clutched tankard. I liked the taste of beer,
its live, white lather, its brass-bright depths, the sudden world
through the wet brown walls of the glass, the tilted rush to
the lips and the slow swallowing down to the lapping belly,
the salt on the tongue, the foam at the corners.

(*Dylan Thomas: Collected Stories*, gol. Walford Davies, tt.216–74)

Yn ogystal â bod yn folawd synhwyrus i'r ddiod gadarn, mae'r
darn yma hefyd yn rhoi cip gwerthfawr i ni ar natur gymhleth
perthynas y tad a'r mab. Roedd D.J. ei hun yn hoff o'i beint, ond go
brin y byddai'r cwrw yn ei sirioli: roedd selogion eraill tafarn y Bush
yn Sgeti yn cyfeirio ato fel 'the Professor'.

Yn 'Old Garbo' mae Mr Farr yn mynd â'r newyddiadurwr ifanc
ar antur i dafarndai na fyddai D.J. yn debygol o'u gweld byth, fel
y Fishguard, un o dafarndai mwyaf lliwgar ardal y dociau gyda'i
chymeriadau brith. Daw'r stori i ben â'r dyn ifanc yn dweud, 'I'll put
them all in a story by and by', ac roedd y cyfnod hwn heb os yn
ffynhonnell gyfoethog iddo ymhen blynyddoedd.

Ond cyfnod byr gafodd Dylan fel dyn papur newydd.
Sylweddolodd ei feistri ei fod yn well yn arfer ei ddawn mewn
meysydd eraill. Roedd eisoes wedi cael ysgrifennu darnau mwy

swmpus ar feysydd eraill, gan gynnwys llenyddiaeth, i chwaer bapur yr *Evening Post*, yr *Herald of Wales*. Mae Paul Ferris yn ei gofiant yn dyfynnu un o'r erthyglau hyn, sy'n bortread o'r awdur Llewelyn Prichard, actor, bardd ac awdur yr hyn a elwir yn nofel gyntaf Cymru yn 1828, *The Adventures and Vagaries of Twm Shon Catti*, a dyn a gollodd ei drwyn wrth ymladd cleddyfau. Dyma frawddeg agoriadol erthygl Dylan: 'No one can deny that the most attractive figures in literature are always those around whom a world of lies and legends has been woven, those half mythical artists whose real characters become cloaked for ever under a veil of the bizarre.'[6]

Geiriau proffwydol iawn oedd y rhain gan y Dylan Thomas ifanc. A phan adawodd yr *Evening Post* yn 1932 – y bachgen a'i gyflogwyr yn sylweddoli nad oedd dyfodol iddo fel newyddiadurwr – parhaodd y berthynas â'r papur, serch hynny, wrth iddo gyfrannu erthyglau nodwedd ac adolygiadau o bryd i'w gilydd, y math o erthyglau a oedd yn fwy at ei ddant nag unrhyw beth a roddai'r pwyslais pennaf ar gael ffeithiau'n gywir.

Yn y cyfnod hwn hefyd roedd Dylan yn actor amatur prysur. Ymaelododd â'r Swansea Little Theatre yn 1932, o dan ddylanwad ei chwaer, Nancy, a oedd yn actores dalentog, ac roedd ymarferion a pherfformiadau yn llenwi eu nosweithiau, yn gyfle i'r ddau adael y tŷ, a hwyrach i gwrdd â chariadon. Cyfarfu Nancy â'i gŵr, Haydn Taylor, drwy'r Little Theatre. Byddai'r criw yn ymarfer ac yn perfformio yn y Mwmbwls, ond hefyd yn crwydro i lefydd fel Gwauncaegurwen ac Aberdâr i berfformio dramâu, yn cynnwys *Hay Fever* gan Noel Coward, a gweithiau Shakespeare. Yn anorfod, mae nifer o'r straeon o gyfnod Dylan gyda'r cwmni theatr yn cyfeirio at ei hoffter o alcohol, ac at achlysuron pan nad oedd ei brydlondeb, ei lefaru na'i amseru ar eu mwyaf miniog. Er gwaethaf hyn, mae'n debyg fod Dylan wedi ystyried mynd yn actor proffesiynol ar un adeg. Ond barddoniaeth oedd ei brif ddiddordeb o hyd.

Cylchgrawn yr ysgol ramadeg oedd y cyhoeddiad cyntaf i gynnwys cerddi gan Dylan Thomas, ond yn fuan iawn roedd wedi ennill sylw cenedlaethol. Ymddangosodd y gerdd gyntaf o dan enw Dylan Thomas yn y *Western Mail* ym mis Ionawr 1927, a'r bachgen prin yn ddeuddeg oed. Teitl y gerdd oedd 'His Requiem', a'r gwirionedd oedd fod Dylan wedi'i chopïo air am air, bron iawn, o gylchgrawn o'r enw *Boy's Own Paper*. Ni ddaeth yr enghraifft gynnar hon o lên-ladrad i'r golwg am dros ddeugain mlynedd, pan benderfynodd Daniel Jones gynnwys y gerdd mewn casgliad newydd o waith Dylan. Sylwodd un darllenydd praff ei bod eisoes yn gyfarwydd. Roedd Dylan ei hun wedi cyfeirio at y gerdd yn y pwt yma yn y stori 'The Fight', wrth ddisgrifio'i ystafell wely, a hwyrach mai'r twyll oedd achos y cywilydd a gofiai: 'A poem I had had printed in the "Wales Day by Day" column of the *Western Mail* was pasted on the mirror to make me blush, but the shame of the poem had died.' (*Dylan Thomas: Collected Stories*, gol. Walford Davies, t.161)

Nid dyma'r unig enghraifft o lên-ladrad o'i eiddo chwaith: roedd cerddi eraill y mae cryn amheuaeth ynghylch eu tarddiad wedi ymddangos yng nghylchgrawn yr ysgol. Ac eto, nid oes amheuaeth nad oedd yn barddoni, ac yn gallu barddoni. Pam ffugio, felly? Yn un peth, mae'r llên ladrad yn dangos cymaint oedd ei awydd i gael bod yn fardd, ac efallai i ennyn balchder yn ei dad.

Ond, wrth iddo aeddfedu, parhau wnaeth ei ymdrechion barddonol go iawn. Yn ddyn ifanc, llanwodd dudalennau ar dudalennau o lyfrau nodiadau gyda'i gerddi, ac mae'n ffaith ryfeddol fod dwy ran o dair o'i gerddi yn bethau a gyfansoddodd yn yr ystafell fach ganol yn Glanrhyd, yn ystod blynyddoedd ei ieuenctid.

Yn y cyfnod hwn, canfu Dylan fentor newydd. Roedd Bert Trick yn gomiwnydd, ac roedd ganddo siop groser yn Glanbrydan Avenue yn yr Uplands, gyferbyn â mynedfa parc Brynmill. Roedd e'n hŷn na Dylan, yn briod a chanddo ferch ifanc, a gwleidyddiaeth oedd ei brif ddiddordeb. Ond roedd hefyd yn hoff iawn o lenyddiaeth, ac roedd un o gydnabod Dylan yn y Little Theatre wedi awgrymu y dylai gyflwyno'i hun iddo. A dyna a wnaeth – cnocio ar y drws, cyflwyno'i hun, a chynnig darllen ei gerddi yn uchel. Ymhen blynyddoedd byddai Bert Trick yn cofio'r argraff a greodd y dyn ifanc yma a'r het ar ei ben a'i Woodbine yn ei geg: 'in a matter of minutes I was absolutely enthralled. I just sat there listening with astonishment, first of all to the wonderful way he read poetry, and certainly the poems themselves.'[7]

Roedd Bert Trick yn grediniol ei fod wedi cyfarfod ag athrylith. Dechreuodd y ddau gyfarfod yn rheolaidd, yn Glanrhyd ac yng nghartref Bert, ac yng nghwmni cyfeillion eraill fel Fred Janes a Charles Fisher byddai nosweithiau cyfan yn mynd yn trafod barddoniaeth a gwleidyddiaeth – gyda phaned yn hytrach na pheint o'u blaenau, er mawr ryddhad i Florence Thomas. Roedd y groser Iawn cymaint o ddylanwad yn wleidyddol ag yn llenyddol, ac yn y darllediad *Return Journey* mae Dylan yn cyfeirio at y siop yn Glanbrydan Avenue 'where Bert Trick … in the kitchen, threatened the annihilation of the ruling classes over sandwiches and jelly and blancmange'. Nid oedd gan Dylan lawer o ddiddordeb mewn theorïau gwleidyddol, er y byddai'n cyfeirio ato'i hun fel sosialydd, neu hyd yn oed fel comiwnydd ar brydiau, ond, yn ôl Bert Trick, rhyw gydymdeimlad at ei gyd-ddyn oedd ganddo yn hytrach nag argyhoeddiad gwleidyddol cryf. Dyma gyfnod y dirwasgiad, a degau o filoedd o bobl Abertawe, fel yng ngweddill Cymru a Phrydain, yn ddi-waith, a thlodi i'w weld yn amlwg ar bob llaw.

Byddai Dylan a Bert yn mwynhau gwrando ar areithiau gwleidyddol a'u trafod, a phan symudodd Dylan i Lundain, byddai'r ddau'n trafod gwleidyddiaeth yn eu llythyron. Roedd Dylan wedi mwynhau yn arbennig erthygl yn y *Daily Worker* yn lladd ar y teulu brenhinol adeg priodas y Dywysoges Marina a Dug Caint yn 1934, ac roedd yn rhyfeddu at y dorf ddaethai ynghyd i wylio'r achlysur. Mewn llythyr, cyfeiriodd at sgwrs â bardd o'r Alban: 'I told Norman Cameron about it and said that they all should be put in lunatic asylums. He said that there was no necessity; all that needs to be done is to keep them in England.'[8] Ni fyddai Dylan fyth yn colli cyfle i ddweud rhywbeth angharedig am y teulu brenhinol; yn ddiweddarach cyfeiriodd at y Frenhines Elizabeth II fel the 'nincompoop queen'.[9] Ond gallai sylwadau gwleidyddol Dylan, fel unrhyw sylw arall ganddo, newid yn ôl pwy oedd ei gynulleidfa. Yn ôl ei gyfaill, y llenor Glyn Jones, nid oedd ganddo unrhyw egwyddorion o unrhyw fath, a oedd yn help iddo wrth ddod yn gwmni mor boblogaidd. Meddai Glyn Jones:

I listened to him applaud in one company opinions which he
would deride in another ... his warmth and sympathy made
one feel that all he had said apropos of some controversy, pro
and contra, was of no importance at all, and that all he cared
about ultimately was the sweetness of personal relations.[10]

Ar anogaeth Bert Trick, dechreuodd Dylan geisio gwneud ei farc
yn y cylchoedd llenyddol yn Llundain. Gyrrodd y gerdd 'And death
shall have no dominion' at gylchgrawn o'r enw *New English Weekly*,
ac ar 18 Mai 1933, cafodd ei waith ei gyhoeddi yn Llundain am y tro
cyntaf. O hyn allan, byddai'n troi ei olygon at y ddinas honno yn ei
ymdrechion i gael ei gydnabod fel bardd.

1   Caitlin Thomas, *My Life with Dylan Thomas: Double Drink Story*, t.138
2   Daniel Jones, *My Friend Dylan Thomas*, tt.19–20.
3   David N. Thomas (gol.), *Dylan Remembered: Volume One 1914–1934*, t.148
4   Daniel Jones, *My Friend Dylan Thomas*, t.32
5   David N. Thomas (gol.), *Dylan Remembered: Volume One 1914–1934*, t.120
6   Paul Ferris, *Dylan Thomas: The Biography*, t.63
7   David N. Thomas (gol.), *Dylan Remembered: Volume One 1914–1934*, t.157
8   Paul Ferris (gol.), *The Letters of Dylan Thomas*, t.179
9   Paul Ferris (gol.), *The Letters of Dylan Thomas*, t.900
10 Glyn Jones, *The Dragon Has Two Tongues*, tt.197–8

Y Bardd Ifanc

Yn fuan wedi i 'And death shall have no dominion' gael ei chyhoeddi yn Llundain, darlledwyd cerdd arall o eiddo Dylan Thomas gan y BBC: 'The Romantic Isle'. Roedd y byd llenyddol yn dechrau talu sylw i'r bardd ifanc â'r enw rhyfedd. Ac roedd bywyd yn newid yn y cartref hefyd: ym mis Mai 1933, priododd Nancy â Haydn Taylor, a symudodd y ddau i Surrey. Yn yr un cyfnod, dechreuodd patrwm y byddai Dylan yn ei ddilyn tan iddo briodi: gadael Abertawe am Lundain, treulio ychydig ddiwrnodau, wythnosau hyd yn oed, yn y ddinas yn aros gyda ffrindiau neu gyda Nancy a'i gŵr, cyn dod adref unwaith eto am seibiant o dan gronglwyd Glanrhyd. Roedd hi'n haws ysgrifennu yno hefyd – llai o demtasiynau i dynnu ei sylw oddi ar ei waith.

O dan anogaeth Bert Trick, anfonodd Dylan ragor o'i gerddi at y wasg yn Llundain, ac ym mis Medi, ymddangosodd y gyntaf o nifer o gerddi o'i eiddo ym mhapur newydd y *Sunday Referee*, oedd ag adran farddoniaeth o dan ofal cymeriad anarferol o'r enw Victor Neuberg. Agorodd y cysylltiad â'r papur sawl drws iddo, a derbyniodd lythyr gan fardd ifanc arall a gyhoeddwyd gan Neuberg: Pamela Hansford Johnson. Dechreuodd gohebiaeth frwd rhwng y ddau ar faterion llenyddol, ac ymhen ychydig fisoedd trodd y berthynas yn rhywbeth dyfnach na chyfeillgarwch.

Mae'r llythyron a anfonodd Dylan at Pamela yn cynnig golwg anhepgor ar ei fywyd ar y pryd, ac mae llawer o'i sylwadau enwocaf, yn arbennig am lenyddiaeth, wedi'u codi o'r llythyron hyn. Eto i gyd, rhaid cofio mai geiriau dyn ifanc yw'r rhain, wedi'u hysgrifennu at ferch yr oedd yn gwneud ei orau i greu argraff ffafriol arni. Nid oedd, er enghraifft, am iddi wybod ei fod yn iau o ddwy flynedd na hi. O'r llythyron cynnar hyn daw'r cyfeiriad cyntaf gan Dylan ar sut mae ynganu ei enw: 'it rhymes with "Chillun", as you suggest'[1] – nid oedd yn awyddus i'r enw swnio'n rhy Gymreigaidd. Ond gan ei fod hefyd yn dweud wrthi mai ystyr Dylan yw 'prince of darkness', gallwn gymryd ei sylwadau â phinsiad mawr o halen.

Roedd perthynas Dylan â'i Gymreictod yn gymhleth ar yr adeg hon. Cawn yr argraff ei fod yn defnyddio'r Gymraeg a'i gefndir Cymreig er mwyn swnio ychydig yn egsotig, yn fwy diddorol, hwyrach, i'r ferch o Lundain. Yn yr un llythyr mae'n cyfeirio at ohebiaeth rhwng y ddau sydd wedi mynd ar goll, ac yn dyfalu tybed ble mae'r llythyron coll: 'three heartfelt poems are lying beneath the pillow of some postmaster's boy in the depths of Llangyfellach or Pwllddu. (I, too, know not a word of Welsh and these names are as fearsome to me as they are to you.)'[2]

Mae'r ddau enw ar lefydd ar gyrion Abertawe wedi'u camsillafu – yn gwbl fwriadol mae'n debyg, gan ei fod yn sicr yn gallu sillafu Pwlldu mewn mannau eraill yn ei lythyron. Yn y llythyr hwn mae'n dyblu mwy o lythrennau er mwyn i'r enwau edrych yn fwy dieithr. Wedi'r cyfan, mympwyol oedd y dewis: gallai fod wedi dweud fod y llythyron ar goll yn Sandfields neu West Cross, ond byddai hynny'n swnio'n llai anghyfarwydd. Dywedodd wrthi un tro ei fod ar fin teithio i Wauncaegurwen i berfformio mewn drama, gan ychwanegu: 'I love introducing names like these.'[3]

Mae ei lythyr nesaf yn agor gyda honiad fod ganddo rywfaint o Gymraeg. Y tro hwn mae'n ysgrifennu o gartref ei berthnasau, Blaen-cwm, ger Llan-y-bri, yn sir Gaerfyrddin, ac unwaith eto mae'n ymddangos fod yna broblem gyda llythyron coll rhwng y ddau. Dyma'i eiriau agoriadol, heb gymaint â 'Dear Pamela' i gychwyn: 'One day a very tired and bewildered young man will haunt the steps of the General Post Office, crying aloud, in broken Welsh, this one sad sentence: "Why, in the name of God and the angelic clerks, cannot my letters be delivered to me?"'[4]

Mewn gwirionedd, mae'n amheus a fyddai ganddo ddigon o Gymraeg i ffurfio hanner y frawddeg uchod, er ei fod wedi'i fagu yn sŵn y Gymraeg, yn arbennig yn yr ardal hon. Treuliai lawer o'i amser gyda pherthnasau Florence yn ne sir Gaerfyrddin, ac mae'r llythyr at Pamela o Flaen-cwm yn enghraifft gynnar o'r math o ddisgrifiadau o'r ardal fyddai gan Dylan yn ei ryddiaith:

> I am staying, as you see, in a country cottage, eight miles
> from a town and a hundred miles from anyone to whom I
> can speak to on any subject but the prospect of rain and
> the quickest way to snare rabbits. It is raining as I write, a
> thin, purposeless rain hiding the long miles of desolate fields
> and scattered farmhouses … There are a few books on the
> floor beside me – an anthology of poetry from Johnson to

Dryden, the prose of Donne, a Psychology of Insanity. There are a few books in the case behind me – a Bible, From Jest to Earnest, a History of Welsh Castles. Some hours ago a man came into the kitchen, opened the bag he was carrying, and dropped the riddled bodies of eight rabbits on to the floor. He said it was a good sport, showed me their torn bellies and opened heads, brought out the ferret from his pocket for me to see. The ferret might have been his own child, he fondled it so. His own eyes were as close-set as the eyes of the terrible thing he held in his hand. He called it, 'Billy fach'.[5]

Mae yma gryn dipyn o'r snob trefol yn edrych i lawr ei drwyn ar fywyd cefn gwlad, ac roedd yn amlwg wedi etifeddu dirmyg D.J. at rai o berthnasau ei fam. ('His vegetable relatives' oedd disgrifiad ei wraig, Caitlin, o'r werin datws yn ei ach.) Mae'n bosib gweld dylanwad Caradoc Evans yma hefyd. Ond, yn fwy na dim, mae'r llanc pedair ar bymtheg oed yn ceisio creu argraff: trwy restru'r llyfrau yr oedd yn eu darllen, er enghraifft. Ac un o'r pethau mae e'n bendant y dylai Pamela ei ddeall o'r llythyr yw pa mor awyddus ydyw i adael Cymru.

Eto i gyd, wrth ladd ar ei wlad enedigol ni all helpu ond creu darlun cofiadwy ohoni. Teithiodd i Flaen-cwm ar y bws, ac mae'n sôn yn ei lythyr am yr ardaloedd diwydiannol yr oedd wedi teithio trwyddyn nhw ar ei daith o Abertawe: trefi a phentrefi ardal Llanelli a Chwm Gwendraeth. Er gwaetha'r creulondeb yn y dweud – go brin y byddai wedi geirio llythyr fel hyn at Bert Trick – mae'n creu darlun cofiadwy:

each town a festering sore on the body of a dead country, half
a mile of main street with its Prudential, its Co-op, its Star, its
cinema and pub. On the pavements I saw nothing but hideously
pretty young girls with cheap berets on their heads and paint
smudged over their cheeks; thin youths with caps and stained
fingers holding their cigarettes; women, all breast and bottom,
hugging their purses to them and staring in at the shop windows;
little colliers, diseased in mind and body as only the Welsh can
be, standing in groups outside the Welfare Hall. I passed the rows
of colliers' houses, hundreds of them, each with a pot of ferns
in the window, a hundred jerry-built huts built by a charitable
corporation for the men of the town to breed and eat in.

All Wales is like this. I have a friend who writes long and
entirely unprintable verses beginning, 'What are you, Wales,
but a tired old bitch?' and, 'Wales my country, my cow.'

It's impossible for me to tell you how much I want to
get out of it all, out of narrowness and dirtiness, out of the
eternal ugliness of the Welsh people, and all that belongs to
them, out of the pettinesses of a mother I don't care for and
the giggling batch of relatives.[6]

Sylwer nad yw ei dad o dan y lach: waeth faint o deyrn ydoedd, ni
fyddai Dylan byth yn ei ddilorni. Ond dyma eiriau dyn ifanc oedd prin
wedi gadael Cymru erioed. Erbyn hyn roedd yn ddi-waith, ac er bod
ei gerddi'n dechrau denu sylw, megis dechrau oedd ei yrfa fel bardd.
Teimlai'n rhwystredig ei fod ymhell o bobman. A'r pryd hwnnw, yn
Llundain yr oedd y byd llenyddol, yn gyhoeddwyr ac yn gylchgronau

a phapurau newydd. Unwaith y byddai Dylan yn gadael Cymru, byddai'n hiraethu amdani. Ydy, mae'n dilorni sir Gaerfyrddin – drefol a gwledig – yn y llythyr hwn, ond yn y sir honno y penderfynodd ymgartrefu yn y pen draw.

Tua'r un cyfnod y dechreuodd ei gyfeillgarwch â'r awdur Glyn Jones, a oedd ar y pryd yn athro yng Nghaerdydd, ac fel Vernon Watkins yn Abertawe, yn grediniol nad oedd neb arall yn yr ardal yn rhannu ei ddiddordebau llenyddol. Pan gyhoeddodd y cylchgrawn *Adelphi* gerddi gan Dylan Thomas, ysgrifennodd Glyn Jones lythyr o werthfawrogiad at y dyn ifanc: roedd yr enw Dylan mor anghyfarwydd ar y pryd fel nad oedd ei gyd-Gymro'n gwybod ai dyn neu fenyw oedd y bardd. Dyma sut y cyflwynodd Dylan ei hun i Glyn Jones mewn ateb i gwestiynau ganddo am ei gefndir; ysgrifennodd y llythyr ym mis Mawrth 1934, sy'n golygu fod y sylw cyntaf un yn gelwydd – pedair ar bymtheg oed oedd awdur y geiriau hyn: 'I am in the very early twenties. I was self-educated at the local Grammar School where I did no work at all and failed all examinations. I did not go to university. I am not employed for the reason that I have never been employed. I have done nothing but write.'[7]

Nid oedd yn wir chwaith, wrth gwrs, nad oedd erioed wedi gweithio, ond mae'n debyg fod y ddelwedd ohono'n gwneud dim ond ysgrifennu yn swnio'n well i Dylan na chyfaddef ei fethiant fel newyddiadurwr. Fodd bynnag, roedd gwaith ysgrifenedig Dylan wedi creu cryn argraff ar Glyn Jones; meddai yn ddiweddarach, am y ddwy gerdd a ddarllenodd yn yr *Adelphi*: '[they] seemed to me so extraordinary, so strange, so new, so packed with poetic energy, so rich in promise'.[8] O fewn ychydig fisoedd roedd Glyn Jones wedi galw i weld Dylan yn Glanrhyd, a gwnaeth y bardd ifanc gymaint o argraff yn y cnawd ag ar bapur. 'I had never then met anyone with comparable gifts who possessed comparable charm, and I soon felt strongly that warm, sympathetic flow of which several of Dylan's friends have written or spoken,' meddai.[9] Magwyd Glyn Jones ym Merthyr Tudful, ond canfu'r ddau fod eu perthnasau'n hanu o'r un rhan o sir Gaerfyrddin. Cyfarfu â rhieni Dylan hefyd, a nododd Glyn Jones falchder D.J. o weld fod un o'i gyd-wladwyr wedi sylwi ar dalent y llanc ifanc. Sylwodd hefyd mewn rhyfeddod fod Florence yn ynganu enw ei mab yn y dull Seisnig, 'Dillun'; mae'n bosib fod y mab wedi rhoi cyfarwyddyd i'w rieni erbyn hynny mai dyna'r ynganiad a ddymunai – fel y gwnaeth yn ddiweddarach i'r BBC.

Ond o fewn ychydig fisoedd byddai llawer iawn mwy o Gymry a Saeson llengar yn sylwi ar waith Dylan Thomas. Trwy'r cysylltiad â'r *Sunday Referee*, ac ar ôl cryn ymdrech i drefnu'r fenter, cafodd ei gasgliad cyntaf o farddoniaeth ei gyhoeddi ym mis Tachwedd 1934. Ganrif union ers geni bardd cyntaf y Tomosiaid, Gwilym Marles, roedd y genhedlaeth nesaf yn gwneud ei farc. Teitl y gyfrol oedd *18 Poems*, ac ymhlith y deunaw mae 'I see the boys of Summer', 'The force that through the green fuse', 'If I were tickled by the rub of love' ac 'I dreamed my genesis'. Cafodd y llyfr dderbyniad gwresog, gyda nifer o feirniaid yn cyhoeddi fod Dylan Thomas yn dalent newydd o bwys.

Roedd llwyddiant y llyfr yn esgus i Dylan dreulio mwy a mwy o amser yn Llundain. Yn y cyfnod hwn, roedd yn aros gyda Fred Janes, cyfaill o Abertawe, yn ardal Earls Court; roedd Mervyn Levy hefyd yn byw yn yr un adeilad. Roedd ei lyfr yn gwerthu'n dda, er nad oedd hynny'n golygu llewyrch ariannol; byddai'n dibynnu ar ambell gildwrn gan ei rieni, ymweliadau achlysurol gan Nancy, fyddai'n dod â bwyd iddo, ac enillion pitw o waith ysgrifenedig, adolygiadau'n bennaf. Yn ôl Fred Janes ei hun, roedd yr arian yn rhy brin iddyn nhw wneud fawr o yfed yn y cyfnod hwn, ond cofiai Mervyn Levy beth oedd brecwast arferol Dylan – afal a photel o gwrw.[10] Er nad oedd Dylan eto yn ddyn enwog, roedd yn sicr yn enw bellach yn y cylchoedd llenyddol, fel llais newydd a gynigiai rywbeth gwahanol i feirdd eraill y cyfnod. Yn ôl Gwen Watkins:

> A generation that has come to accept Dylan as a great poet, but a poet in text books and examination syllabuses, must find it difficult to understand the freshness, the explosive originality of his prose, and the majesty and exaltation of his poetry, after the political and sociological poetry of the thirties.[11]

Yn Abertawe, roedd y dyn ifanc fyddai ymhen rhai blynyddoedd yn dod yn ŵr i Gwen, Vernon Watkins, yn sicr wedi cymryd sylw. Roedd Vernon hefyd yn fardd cynhyrchiol a weithiai o ddydd i ddydd ym manc Lloyds ar ffordd Sain Helen yn y dref. Ym mis Chwefror 1935 sylwodd ar lyfr mewn siop lyfrau ynghanol Abertawe gan awdur lleol – *18 Poems* gan Dylan Thomas, a phrynodd gopi â mwy nag arlliw o genfigen. Nid oedd ei gerddi ef wedi gweld golau dydd eto. Fel mae'n digwydd, roedd yn adnabod ewythr y bardd, y Parchedig David Rees, ac ar anogaeth hwnnw, galwodd yng nghartref Dylan. Unwaith eto, esblygodd edmygedd llenyddol yn gyfeillgarwch: un o'r rhai pwysicaf ym mywyd Dylan, yn sicr o safbwynt llenyddol.

Roedd Vernon Watkins yntau o gefndir tebyg i Dylan, yn fab di-Gymraeg i rieni Cymraeg, ond roedd wedi cael cyfnod mewn ysgolion bonedd ac yn y brifysgol yng Nghaergrawnt. Roedd gweithio yn y banc yn golygu fod ganddo'r hyn na phrofodd Dylan erioed: sicrwydd ariannol. Pan gyfarfu'r ddau, roedd Vernon yn byw gyda'i rieni ym mhentref tlws Pennard ar Benrhyn Gŵyr, ychydig y tu allan i Abertawe, ardal a oedd, wrth gwrs, yn gyfarwydd i Dylan, a dreuliodd ei ieuenctid yn crwydro'r penrhyn. O'u cyfarfyddiad cyntaf byddai'r ddau yn darllen eu gwaith i'w gilydd, ac yn trafod eu cerddi yn frwd. Nid oedd Dylan yn gyfforddus yn trafod barddoniaeth gyda phawb, ond dyma sail cyfeillgarwch oes rhwng y ddau yma, ac roedd y naill yn gwerthfawrogi sylwadau'r llall ar ei gerddi.

Roedd Pamela Hansford Johnson wedi treulio cyfnodau yn ymweld â Dylan yn Abertawe, ac yntau â'i chartref hi yn Llundain, ond er bod Dylan wedi gofyn iddi ei briodi, ni pharodd y berthynas. Roedd hi eisoes wedi gweld y gallai ei berthynas ag alcohol fod yn broblem, ac mae'n debyg nad oedd y garwriaeth yn ddigon corfforol i blesio'r Dylan ifanc. Ar un adeg ysgrifennodd ati i 'gyfaddef' iddo fynd i'r gwely gyda dyweddi un o'i gyfeillion, merch 'tall & thin and dark with a loose red mouth' yn ystod ychydig ddiwrnodau meddwol mewn bwthyn ar Benrhyn Gŵyr. Nid yw'n gwbl glir ai ffantasi yw'r cyfan ai peidio. Mae atgofion cyfeillion bore oes Dylan o'i helyntion caru yn amrywio: rhai'n cofio anturiaethau niferus, eraill yn credu nad oedd ganddo unrhyw ddiddordeb o gwbl mewn merched yn ystod ei ieuenctid. Ta waeth, erbyn haf 1935 roedd carwriaeth (ond nid cyfeillgarwch) Dylan a Pamela ar ben; ysgrifennodd Dylan at Bert Trick: 'Pamela J. ... has spurned me as a small, but gifted, Welshman, of unsocial tendencies & definitely immoral habits.'[12] Ac ym mis Ebrill 1936, cyfarfu â merch ifanc oedd yn poeni llawer llai am arferion anfoesol: Caitlin Macnamara.

Cafodd Caitlin ei magu yn ne Lloegr, ond roedd hi o dras Wyddelig ar ochr ei thad a Ffrengig ar ochr ei mam. Roedd ei thad o gefndir bonheddig ac yn fardd; roedd ei rhieni wedi gwahanu pan oedd hi'n ifanc, ac roedd ei mam yn byw gyda ffotograffwraig o'r enw Nora Summers. Cafodd fagwraeth lawer iawn mwy bohemaidd nag un Dylan; soniodd Caitlin am ei:

> lack of chains, lack of education, lack of religion, lack of discipline or any guiding principles whatsoever. Not even the domestic arts or the social graces were taught to me and my sisters. Our optimistic mother simply told us that we would all marry rich men and be waited upon by servants.[13]

Ymhlith cyfeillion ei rhieni roedd yr artist Augustus John o Ddinbych-y-pysgod, a chafodd Caitlin ei magu ochr yn ochr â'i blant ef. Roedd Caitlin yn ferch hynod drawiadol â gwallt euraid, cyrliog, a daeth yn ffefryn fel model gan Augustus John. Mae sawl un o'i luniau olew ohoni ymhlith casgliad yr Amgueddfa Genedlaethol yng Nghaerdydd. Fel nifer o'i fodelau, bu'n rhaid i Caitlin – yn bymtheg oed – fynd i'r gwely gyda'r dyn hanner cant oed yma, a oedd yn gyfaill i'w rhieni ac yn dad i'w ffrind gorau hithau. Gan fod y berthynas rywiol wedi para sawl blwyddyn, mae nifer o gofianwyr Dylan wedi dweud ei bod yn berthynas wirfoddol, ond trais yw gair Caitlin. Trwy gysgu gydag Augustus John, mae'n debyg ei bod hi'n cydymffurfio â'r hyn yr oedd disgwyl iddi ei wneud yn eu cylch cymdeithasol a theuluol nhw, ac nid oedd y ferch ifanc yn gwybod sut i'w wrthod. Erbyn heddiw, mae dynion fel John yn cael eu labelu yn bedoffiliaid; ymhen blynyddoedd ffieiddiai Caitlin at y berthynas a fu rhyngddyn nhw.

Pan gyfarfu Caitlin â Dylan yn nhafarn y Wheatsheaf yn Llundain ym mis Ebrill 1936, gwyddai Caitlin fod gan Augustus John drefniant arbennig â gwesty gerllaw, ac o fewn ychydig oriau i'w cyfarfyddiad cyntaf, roedd hi a Dylan yn y gwely yno, gan aros yno, yn ôl Caitlin, am wythnos. Mae'n debyg fod gadael y bil ariannol i Augustus John wedi rhoi pleser iddi. Yn ôl hunangofiant Caitlin, nid yw'n sicr beth oedd wedi ei denu at Dylan: roedd yn siarad gormod, ac nid oedd yn olygus chwaith. Dyma ei disgrifiad cofiadwy ohono: 'He had a pink blubbery face with pop-eyes, a blob nose and loose lips, a mop of childish mouse curls on top and a tadpole body, which blew up and down according to how much beer he put in.'[14]

Nid oedd Caitlin chwaith yn gyfarwydd â'i gerddi, er y byddai ei statws fel bardd wedi apelio ati gan ei bod hithau'n troi mewn cylchoedd artistig. Roedd hi ei hun yn ceisio ennill bywoliaeth trwy ddawnsio; ffafriai'r math o ddawnsio a elwid yn 'eurhythmics', gyda'r pwyslais pennaf ar hunanfynegiant. Yn ôl y sôn, bu'n gweithio ar un adeg yn y London Palladium, ond nid oedd ei diffyg prydlondeb na'i blerwch o ran ei gwisg yn plesio. Eto i gyd, roedd hi fel Dylan yn uchelgeisiol, ac yn ddiweddarach meddai: 'we were both always absolutely sure that Dylan was going to be the supreme poet of all time and I was going to be the supreme dancer of all time ... It never occurred to me that the drinking life was not a suitable training-ground for the premier dancer of the age.'[15]

Dechreuodd y garwriaeth fel un ddigon anffurfiol, a'r ddau yn byw bywydau crwydrol. Ym mis Gorffennaf 1936, roedd Caitlin yn aros gydag Augustus John yng nghartref y nofelydd Richard Hughes, awdur *A High Wind in Jamaica*, yn Nhalacharn, y dref a fyddai'n chwarae rhan mor bwysig yn ei bywyd hi a Dylan yn nes ymlaen. Roedd Augustus John yn feirniad ar Arddangosfa Gelf a Chrefft yr Eisteddfod Genedlaethol y flwyddyn honno, a oedd i'w chynnal ymhen pythefnos yn Abergwaun. Ar yr un pryd, roedd cyfaill Dylan, Fred Janes, yn awyddus i fynd ag un o'i ddarnau i'r arddangosfa. Ar 15 Gorffennaf gyrrodd Fred i Abergwaun gyda Dylan yn gwmni iddo, a galwodd y ddau yn Nhalacharn ar eu ffordd o Abertawe. Gwyddai Dylan fod Caitlin ac Augustus yno, ac ar ôl cinio, ymunodd y ddau, yng nghar Augustus, ar gyfer gweddill y daith i Abergwaun. Ar y ffordd yn ôl, wedi sawl ymweliad â thafarndai siroedd Penfro a Chaerfyrddin, aeth y cwmni i dre Caerfyrddin, a daeth y noson i ben gyda Dylan ac Augustus John yn ymladd yn gorfforol dros Caitlin ym maes parcio tafarn y Boar's Head (nid nepell o gapel Heol Awst, lle roedd ei fam-gu a'i dad-cu Thomas wedi bod yn aelodau ffyddlon, a'i fam-gu a'i dad-cu Williams wedi priodi). O fewn deuddydd ysgrifennodd Dylan at Caitlin i ddweud wrthi ei fod yn ei charu.[16]

Ym mis Medi 1936 cyhoeddwyd ail gyfrol Dylan Thomas, *Twenty-five Poems*. Unwaith eto, cafodd dderbyniad gwresog iawn, gan gynnwys adolygiad ffafriol iawn gan y bardd a'r beirniad dylanwadol Edith Sitwell yn y *Sunday Times*. Gwerthodd y gyfrol yn dda a bu'n rhaid ei hailargraffu. Rhwng ei ymweliadau â Llundain, byddai Dylan

yn mynd adref at ei rieni, ac yna'n treulio cyfnodau gyda chyfeillion
o'r cylchoedd artistig. Treuliodd gryn amser yng Nghernyw, ac yno, yn
1937, cyhoeddodd ei fwriad i briodi Caitlin Macnamara. Dyma sut
y torrodd y newyddion i'w rieni, a oedd eto i gyfarfod â'u darpar ferch
yng nghyfraith:

> I must tell you that Caitlin and I are going to be married next
> week by special licence (I think that's what they call it) in the
> Penzance registry office ... It may, & possibly does, sound a
> rash and mad scheme, but it satisfies us and it's all we ask for.
> I do hope it won't hurt you. [17]

Roedd Dylan yn iawn i bryderu am ymateb ei rieni. Aeth D.J. ati
ar ei union i geisio cael help Nancy a Haydn Taylor i rwystro'r hyn a
ddisgrifiodd fel 'this lunatic course of action'. [18] Pam fod y briodas
yn achosi cymaint o loes, felly? Yn syml iawn, yr ateb oedd arian,
neu ddiffyg arian. Nid oedd gan Dylan incwm rheolaidd, heb sôn am
gartref sefydlog. Prin ei fod yn gallu gofalu amdano'i hun, heb sôn am
gynnal gwraig – ac yn ôl safonau'r dydd, dyna fyddai ei ddyletswydd.
O ystyried y trafferthion ariannol a oedd i bwyso ar Dylan weddill ei
oes wrth iddo geisio cynnal ei deulu, roedd geiriau ei dad yn cynnwys
tipyn o'r gwir.

Ond pam priodi o gwbl yn hytrach na chyd-fyw – fel yr oedd y
ddau wedi bod yn gwneud eisoes wrth aros gyda ffrindiau? Er gwaethaf
gwrthwynebiad D.J. a Florence i'w priodas, un rheswm, mae'n siŵr,
oedd er mwyn cael sêl eu bendith nhw ar y berthynas. Fel y dywed
cofiannydd cyntaf Dylan, Constantine FitzGibbon, go brin y gallai Dylan

ddod â Caitlin i aros yn nhŷ ei rieni oni bai eu bod yn briod. Ond efallai fod yna reswm arall hefyd, oherwydd roedd D.J. a Florence newydd werthu Glanrhyd, ac wedi symud i dŷ llawer llai ym mhentref Llandeilo Ferwallt ar Benrhyn Gŵyr. Roedd yr unig gartref sefydlog a gafodd Dylan erioed wedi diflannu. Anodd credu na fyddai hynny'n ddigon – ar ryw lefel – i'w yrru i geisio cael hyd i ryw sefydlogrwydd arall. Ar 11 Gorffennaf 1937, priododd Dylan a Caitlin yng Nghernyw.

1   Paul Ferris (gol.), *Dylan Thomas: The Collected Letters* (J. M. Dent, 1985), t.26
2   Paul Ferris (gol.), *Dylan Thomas: The Collected Letters*, t.24
3   Paul Ferris (gol.), *Dylan Thomas: The Collected Letters*, t.63
4   Paul Ferris (gol.), *Dylan Thomas: The Collected Letters*, t.29
5   Paul Ferris (gol.), *Dylan Thomas: The Collected Letters*, t.30
6   Paul Ferris (gol.), *Dylan Thomas: The Collected Letters*, t.30
7   Paul Ferris (gol.), *Dylan Thomas: The Collected Letters*, t.98
8   Glyn Jones, *The Dragon Has Two Tongues* (J. M. Dent, 1968), t.172
9   *The Dragon Has Two Tongues*, t.176
10 Gw. atgofion Levy a Janes yn David N. Thomas (gol.), *Dylan Remembered: Volume Two 1935–53* (Seren, 2004)
11 Gwen Watkins, *Dylan Thomas: Portrait of a Friend* (arg. newydd, Y Lolfa, 2005), t.114
12 Paul Ferris (gol.), *Dylan Thomas: The Collected Letters*, t.192
13 Caitlin Thomas, *My Life with Dylan Thomas: Double Drink Story*, (adarg.,Virago, 2012), tt.31–2
14 Caitlin Thomas *My Life with Dylan Thomas: Double Drink Story*, t.87
15 Caitlin Thomas *My Life with Dylan Thomas: Double Drink Story*, t.20
16 Paul Ferris, *Dylan Thomas: The Biography* (arg. newydd, Y Lolfa, 2006), t.154
17 Paul Ferris (gol.), *Dylan Thomas: The Collected Letters*, tt.249–50
18 Paul Ferris (gol.), *Dylan Thomas: The Collected Letters*, t.251

Blynyddoedd y Rhyfel

Syniad gwallgof ai peidio, roedd y penderfyniad i briodi Caitlin yn un tyngedfennol ym mywyd Dylan. Ar un ystyr yr oedd y ddau yn bartneriaid da i'w gilydd, ac yn sicr, yn Caitlin, fe gafodd gymar a oedd yn fwy na bodlon iddo ganolbwyntio ar yr ymdrech i fod yn fardd. Roedd hi'n falch o'i dalent, yn amddiffynnol o falch, ac er iddi gael digon o resymau dros gwyno yn ystod ei phriodas, nid yw'n ymddangos iddi erioed sefyll rhwng Dylan a'r trywydd yr oedd ef wedi'i ddewis iddo'i hun fel llenor.

Ond un peth oedd dewis y llwybr hwn yn ddyn dibriod. Gallai fyw'n grwydrol: wythnos, pythefnos, mis neu ddau hwyrach ar garedigrwydd ffrindiau a oedd naill ai'n ariannog, yn artistig ac felly'n falch o'i noddi drwy gynnig to uwch ei ben ac ystafell iddo ysgrifennu ynddi, neu'n ormod o gyfeillion gydag ef i'w wrthod. Ond ar ôl priodi, ac yn sicr ar ôl cael plant, byddai ar Dylan angen incwm a chartref sefydlog – ac nid oedd canolbwyntio ar ei farddoniaeth yn mynd i gynnig hynny.

Eto i gyd, yr oedd bod yn briod yn cynnig rhywfaint o sefydlogrwydd iddo, yn enwedig ar ôl colli aelwyd Glanrhyd. Yn ei awydd i fod yn fardd, gwyddai Dylan fod cartref sefydlog yn hanfodol i'w ffordd o weithio, a gydol ei oes bu'n ceisio chwilio am batrwm i'w fywyd: gwraig i ofalu amdano fel yr oedd ei fam wedi gwneud, llonydd i weithio ar ei farddoniaeth yn ystod y prynhawniau, a thafarn gerllaw ar gyfer ymweliadau gyda'r nos. Droeon wrth ofyn am nawdd byddai'n mynegi mai dyma oedd ei ddymuniad, a dyma'r amodau fyddai'n caniatáu iddo gyfansoddi. A gorau oll pe bai'r cartref hwnnw yng Nghymru.

Ar ôl treulio cyfnod yng Nghernyw yn ystod yr haf yn dilyn eu priodas, bu Dylan a Caitlin yn aros gyda'i rhieni hi yn Hampshire, gyda rhieni Dylan yn eu cartref bychan newydd yn Llandeilo Ferwallt, a gyda ffrindiau mewn amrywiol lefydd: patrwm a oedd i barhau am gyfnodau gydol eu hoes pan oedd hi'n arbennig o fain arnyn nhw'n ariannol a dim gobaith cynnal eu cartref eu hunain. Ond erbyn mis Mai 1938, roedd y ddau wedi ymgartrefu yn eu cartref sefydlog cyntaf yn nhref fechan Talacharn yn sir Gaerfyrddin, ac yn rhentu bwthyn tamp ac iddo'r enw rhyfedd 'Eros'.

Er bod Dylan wedi chwarae â'r syniad o fyw yn Abertawe, mae'n ddiddorol iddo ddewis Talacharn yn gartref, a hynny fwy nag unwaith yn ystod ei oes. Wrth symud i sir Gaerfyrddin, roedd yn symud yn ôl i sir enedigol ei rieni a'i holl hynafiaid. Ond wrth ddewis Talacharn dewisodd un o'r ychydig ardaloedd yn y sir – y pryd hwnnw – a oedd â'r Saesneg yn brif iaith i'w thrigolion. Fel Dylan ei hun, roedd y dref wedi'i gwreiddio ynghanol y Gymru Gymraeg, ond eto'r tu allan iddi.

Er gwaetha'i fynych ymweliadau â'r ardal yn ei blentyndod – mae Talacharn yr ochr arall i afon Taf i Lan-y-bri – nid aeth i ymweld â'r dref tan 1934, pan aeth i aros gyda Richard Hughes, yng nghwmni Glyn Jones. Bryd hynny disgrifiodd y lle fel 'the strangest town in

Wales'.[1] Ymhen blynyddoedd byddai'n ymhelaethu ar hynny mewn darn ar gyfer y BBC yn 1953. Yn y dref, meddai, mae pobl sydd wedi'u geni yno, eraill wedi mudo yno o lefydd mor bell ac annhebygol â Thonypandy neu o Loegr hyd yn oed, rhai'n dianc rhag yr heddlu rhyngwladol, a rhag eu gwragedd. O'i safbwynt ef ei hun, meddai, 'some, like myself, just came, one day, for the day, and never left; got off the bus, and forgot to get on again'.[2]

A go brin fod y lle wedi newid rhyw lawer erbyn heddiw, 'this timeless, mild, beguiling island of a town' lle nad oes fawr yn digwydd oni bai am ambell gar yn cael ei foddi yn y maes parcio wrth i ddieithriaid anwybyddu'r arwydd sy'n rhybuddio pa mor uchel yw'r llanw. Hynny a'r holl ymwelwyr sy'n dod yno yn sgil y cysylltiad â Dylan Thomas, wrth gwrs. Ond bryd hynny, fel heddiw, roedd gan y lle enw am fod yn gartref i bobl ecsentrig, ac yn hynny o beth roedd Dylan a Caitlin yn ychwanegiad lliwgar i'r lle, yn eu dillad llachar, blêr. 'We were the original hippies,' meddai Caitlin yn ddiweddarach.[3]

Golygai cael cartref eu bod yn gallu croesawu ffrindiau o dan eu cronglwyd eu hunain, a daeth elfen ddrygionus y ddau i'r amlwg pan gafodd Vernon Watkins – dibriod yn y cyfnod hwn – y fraint o fod yn un o'u gwesteion cyntaf. Roedd Dylan yn chwilfrydig am rywioldeb ei gyfaill swil, ac roedd wedi cyhoeddi wrth Vernon y byddai angen i'r tri ohonyn nhw rannu'r unig wely yn y bwthyn, heb adael iddo wybod fod yna ystafelloedd sbâr ar gael. Ar ôl ymweliad â'r dafarn leol, dim ond cwsg oedd ar feddwl Vernon ac er i'r tri dreulio'r noson yn yr un gwely, ni sylwodd y dyn ychydig yn ddiniwed hwn ar unrhyw fwriad mwy cellweirus gan ei gyfeillion.

Gan Gwen Watkins, gwraig Vernon, y cawn y stori hon, a rhai o'r disgrifiadau gorau o Caitlin hefyd. Nid yw lluniau'n gwneud cyfiawnder â hi, meddai yn *Dylan Thomas: Portrait of a Friend* (t.59):

> In photographs she looks pretty, elegant, handsome, milk-maidish; but no photograph can show the loveliness of her colouring. Her hair really was 'wonderful'; in firelight or sunlight, it blazed with red-gold brilliance, her eyes were like cornflowers.

Ac nid lliw ei gwallt yn unig fyddai'n fflachio, oherwydd roedd gan Caitlin dymer a hanner. Yn ôl Constantine FitzGibbon, a siaradai o brofiad, 'Caitlin in a rage was an awe-inspiring sight.' Roedd hon yn briodas stormus, ac roedd gweld y ddau yn ffraeo, yn gorfforol ar adegau, yn olygfa gyffredin iawn, yn gyhoeddus ac ym mha dŷ bynnag fyddai'n gartref iddyn nhw ar y pryd.

A bod yn deg â Caitlin, er nad oedd angen fawr o esgus arni i fynegi ei dicter, cafodd ddigon o bethau yn ei bywyd i fod yn grac yn eu cylch. Ychydig fisoedd ar ôl iddi briodi, roedd hi'n disgwyl, ac am weddill ei phriodas â Dylan, bu'n delio â magu plant ifanc, yn ceisio crafu byw mewn tai oer neu yng nghartrefi ffrindiau, ar incwm pitw, heb sôn am orfod gofalu am Dylan. Oherwydd roedd y dyn ifanc wedi arfer â thendans gan ei fam, a buan y dysgodd Caitlin y triciau bychain i gadw ei gŵr yn hapus: llenwi'r bath ar ei ran, sicrhau fod digon o losin a winwns wedi'u piclo ar gael o gwmpas y tŷ. Pleserau syml oedd yn cadw Dylan yn hapus yn y bôn. A hyn oll law yn llaw â cheisio cadw cwmni iddo yn y dafarn gyda'r nos. Yn ei hunangofiant, dywed Caitlin na allai gofio i'r ddau dreulio unrhyw noson gartref gyda'i gilydd gydol eu priodas –

oni bai am yr achlysuron prin hynny pan na fyddai'r arian yn ddigon i fforddio peint hyd yn oed. Yn groes i'r arfer ymhlith teuluoedd parchus y Gymru anghydffurfiol – broliai Florence na welodd D.J. yn feddw erioed, er gwaetha'i fynych ymweliadau â'r dafarn – penderfynodd Caitlin y byddai hi'n cadw cwmni iddo yn y dafarn, ac felly'n cadw golwg arno, gan nad oedd ffyddlondeb yn un o'i rinweddau ychwaith. Yn ôl ei thystiolaeth ei hun, bu Caitlin hefyd yn anffyddlon ar sawl achlysur, ond ni allai oddef y syniad o Dylan gydag unrhyw ferch arall.

Yn ôl llinyn mesur yr oes roedd y ddau yn fethiannau yn eu dyletswyddau priodasol; fel y dywed Deirdre Beddoe:

> Man's duty was to provide financially for his wife and family
> through money earned in the outside world. Woman's duty
> was to be a wife and mother and to create a home which was
> a refuge from the forces of darkness outside its walls: under
> her care, home would be a centre of Christian virtue, moral
> purity and sobriety.[4]

Ond roedd y bywyd parchus, caeth hwn yn estron i Caitlin, a fagwyd mewn cymuned o artistiaid. Nododd sawl un ei bod hi'n fohemaidd wrth reddf; chwarae rôl yr oedd Dylan. A pha ryfedd gan fod magwraeth y ddau mor wahanol? Dywed Caitlin mai ateb ei mam hithau i bopeth, o annwyd i iselder, oedd, 'Why don't you take a lover, dear?'[5] Ar y llaw arall, roedd Florence Thomas y math o fam fyddai'n holi'n syth bin, wrth gyfarfod â ffrindiau ei mab am y tro cyntaf, 'Are you church or chapel?'[6]

Ond gyda phlentyn ar y ffordd, roedd angen arian. Eisoes roedd Dylan Thomas wedi cael blas ar ddarlledu ei waith ar y BBC, ac ar hyd y blynyddoedd, datblygodd yr elfen hon gan olygu ei fod wedi ennill enwogrwydd ymhell tu hwnt i'r hyn y gallai'r rhan fwyaf o feirdd ei ddychmygu. Ym mis Hydref 1938, ac yntau a Caitlin bellach yn byw mewn cartref mwy yn Nhalacharn, sef Sea View, ysgrifennodd at T. Rowland Hughes, a oedd yn gynhyrchydd gyda'r BBC yng Nghaerdydd, i ofyn am gyfle arall i ddarlledu. Ei syniad oedd darllen gwaith gan feirdd Saesneg o Gymru neu a oedd o dras Gymreig: 'from Vaughan to Edward Thomas, Wilfred Owen, W. H. Davies, & the younger men, contributors to the periodical "Wales" & to most of the verse periodicals published in London & abroad, who are now making what is really a renaissance in Welsh writing.'[7]

Mae'r cyfeiriad at y cylchgrawn *Wales* – cylchgrawn newydd a sefydlwyd yn 1937 – yn arwyddocaol, gan mai'r golygydd oedd un o gyfeillion diweddaraf Dylan Thomas, y bardd Keidrych Rhys. Roedd yntau hefyd yn frodor o sir Gaerfyrddin, ac yn genedlaetholwr, a bwriad y cylchgrawn oedd rhoi llais i'r genhedlaeth newydd hon o feirdd a oedd yn codi yng Nghymru ar ddiwedd y tridegau, Dylan Thomas yn eu plith wrth gwrs. Bu Dylan yn ei gynorthwyo rywfaint gyda'r rhifynnau cynharaf, oedd yn cynnwys gwaith gan awduron fel Vernon Watkins, Idris Davies, Emyr Humphreys, a Kate Roberts (mewn cyfieithiad). Yn ystod ei oes gwnaeth Dylan lawer i hyrwyddo gwaith ei gyd-feirdd o Gymru, gan ddarllen gwaith pobl fel Alun Lewis, Idris Davies a Vernon Watkins mewn darlleniadau cyhoeddus ac ar y radio.

Ysgogwyd y llythyr at T. Rowland Hughes gan angen, a dyma ddechrau arfer oes gan Dylan: ysgrifennu llythyron yn gofyn am waith, neu am arian. Bron nad oedd hon hefyd yn yrfa ar wahân, a byddai'r llythyron yn rhai maith, goreiriog, wedi'u drafftio a'u hailddrafftio er mwyn creu effaith. Maen nhw'n ddigon anghysurus i'w darllen, hyd yn oed hanner canrif a mwy ers iddyn nhw gael eu llunio. Yn 1938, ceisiodd am arian gan y Royal Literary Fund, ac erbyn y flwyddyn ganlynol roedd yn ceisio cael criw o gyfeillion ariannog at ei gilydd i'w noddi am bum swllt yr un yr wythnos. Ddaeth dim o'r cynllun arbennig hwnnw. Ond roedd digon o noddwyr hael i chwarae eu rhan yn ei fywyd yn y dyfodol.

Ganed plentyn cyntaf Dylan a Caitlin, Llewelyn, ar 30 Ionawr 1939, yn Lloegr, gan fod y cwpwl erbyn hynny wedi mynd i fyw at fam Caitlin unwaith eto. Ar ôl genedigaeth anodd – 'forty nine hours of unimaginable agony' yng ngeiriau Catitlin[8] – roedd hi wrth ei bodd yn cael bod yn fam. Ac mae cryn dipyn o falchder yn llythyron Dylan at ei gyfeillion â'u cyfeiriadau niferus at y bachgen newyddanedig. Ym mis Mawrth, ysgrifennodd at Bert Trick:

> His full name is Llewelyn Edouard, the last being a concession
> to Caitlin's French grandfather; but in spite of this he sounds
> militantly Welsh, and, though this is probably national pride
> seen through paternal imagination or viceversa, he looks it too.[9]

Yr haf hwnnw daeth y teulu ifanc yn ôl i fyw yn Nhalacharn, yr un mor dlawd ag arfer. Ond erbyn mis Medi, roedd yna gysgod arall i boeni yn ei gylch: y rhyfel. Yng ngeiriau Paul Ferris, 'From Thomas's point of view, this was bad news directed personally at Dylan Thomas and family.'[10] Dros y misoedd a'r blynyddoedd nesaf, byddai cryn

dipyn o'r gwaith ysgrifennu achlysurol a oedd wedi cadw'r blaidd
o'r drws yn y gorffennol yn peidio wrth i gylchgronau ddod i ben
oherwydd effaith y rhyfel. Ac roedd dynion ifanc ei genhedlaeth yn
ymrestru; byddai disgwyl i Dylan Thomas, fel dyn ifanc yn ei ugeiniau
cynnar, wneud yr un peth.

Yn ystod y flwyddyn nesaf, byddai cryn dipyn o ymdrechion Dylan
yn mynd i gyfeiriad sicrhau nad oedd angen iddo ymladd yn y lluoedd
arfog. Ond nid yw hynny'r un fath â dweud ei fod yn ddi-hid. Roedd yr
academydd Thomas Taig ar ymweliad â Dylan yn Nhalacharn ar y diwrnod
y cyhoeddwyd y rhyfel. Dyma'i atgof o'r diwrnod: 'my recollection is of
someone deeply affected by the horror, the enormity of the thing, that he
always recurs to me as a kind of animal caught in a trap'.[11]

Wrth reswm, ymunodd nifer fawr o'i gyfeillion â'r lluoedd arfog,
yn eu plith Daniel Jones a Vernon Watkins, ill dau yn gweithio yn
Bletchley Park. Ond nid oedd unrhyw un, gan gynnwys Dylan ei hun,
yn gallu ei ddychmygu yntau mewn lifrai. Nododd ei wrthwynebiad i
hynny mewn nifer fawr o lythyron: 'my chief concern ... is to keep out
of death's way,' meddai yn gwbl onest ym mis Medi 1939.[12] Nid oedd
am gael ei ladd, ond nododd hefyd nad oedd yn fwriad o gwbl ganddo
ladd rhywun arall – ni allai ddychmygu gwneud hynny. Gydol ei oes
roedd Dylan yn amheus o fod yn rhan o unrhyw 'symudiad' ac roedd
yn naturiol amheus o'r awdurdodau. Ni theimlai unrhyw falchder
Prydeinig, jingoistaidd; wrth ysgrifennu am y Rhyfel Byd Cyntaf mewn
llythyr yn 1934 (yn drwm o dan ddylanwad Bert Trick), meddai: 'the
Union Jack is only a national loin-cloth to hide the decaying organs
of a diseased social system',[13] ac ni allai feddwl am yr Almaenwyr fel

ei elynion chwaith. Meddai Caitlin, 'He didn't believe in all those false heroics, patriotism and all that nonsense ... To him no one country was better than another: all men were equal, regardless of race or religion, and he recognised no boundaries between people.'[14] Gwyddai Dylan na fyddai'n gwneud milwr. Ond os nad oedd am ymladd, beth allai ei wneud? A gyda'r dyledion yn Nhalacharn yn dod yn fwy a mwy o fwgan iddo, sut oedd ennill bywoliaeth?

Ei syniad cyntaf oedd ceisio cael gwaith yn y Weinyddiaeth Wybodaeth – o bosib yn ysgrifennu ffilmiau. Ceisiodd hefyd dynnu ynghyd grŵp o lenorion fyddai'n sefyll yn erbyn y rhyfel. Bu hefyd yn ystyried cofrestru fel gwrthwynebydd cydwybodol. Aeth mor bell â chysylltu â Gwynfor Evans, a oedd yn ysgrifennydd ar Gymdeithas Heddychwyr Cymru, i ofyn am help i'w gadw o'r fyddin, er nad heddychwr o argyhoeddiad mohono. Ni chreodd y llythyr argraff ry ffafriol ar Gwynfor Evans[15] ac ar ôl mynd i glywed dadleuon rhai o'r gwrthwynebwyr cydwybodol yn eu tribiwnlysoedd, gwyddai Dylan na allai ffugio bod yn heddychwr crefyddol.

Yn y pen draw, canfu archwiliad meddygol yn Llandeilo nad oedd yn ffit i ymladd: cafodd ei gofrestru'n Radd III, a oedd yn golygu y byddai ymhlith y categori olaf o ddynion i'w galw i'r fyddin. Honnodd ei fod wedi mynd i'r prawf yn feddw, neu hwyrach yn dioddef ar ôl noson drom o yfed, ond fel gyda chynifer o hanesion am Dylan Thomas, mae'n anodd gwybod faint o wirionedd sydd i'r stori. Ta waeth, er gwaetha'r rhyddhad o beidio â chael ei orfodi i'r fyddin, roedd y problemau ariannol yno o hyd. Bu'n rhaid i'r teulu ifanc adael Talacharn oherwydd eu dyledion, ac unwaith eto bu'n rhaid i'r ddau droi at eu teuluoedd er mwyn cael to uwch eu pennau.

Daeth achubiaeth o fath trwy gyfrwng cwmni ffilmiau o'r enw Strand Films, a oedd yn gwneud ffilmiau propaganda ar gyfer y llywodraeth yn ystod y rhyfel. Cynigiodd pennaeth y cwmni, Donald Taylor, waith i Dylan fel sgriptiwr, ac am weddill y rhyfel bu gan Dylan Thomas y peth agosaf at swydd reolaidd a fu ganddo ers dyddiau'r *Evening Post*: swydd a oedd yn talu hefyd – £10 yr wythnos. Yn ôl pob sôn, roedd yn weithiwr diwyd; gwaredodd pan gynigiodd cyd-weithiwr eu bod yn cadw potel o wisgi yn y swyddfa,[16] a bu'n gyfrifol am sgriptio nifer o ffilmiau.

Mae rhai o'r ffilmiau hyn i'w gweld hyd heddiw ar DVD a ryddhawyd gan yr Imperial War Museum.[17] Egluro ymdrechion gwahanol garfanau dros yr achos yw bwriad nifer o'r ffilmiau: y merched a weithredai'r balwnau a ddefnyddid i rwystro bomiau isel; cyfraniad gwledydd yr ymerodraeth tuag at y rhyfel; a phwysigrwydd y gwaith a wnaed yn hyrwyddo'r celfyddydau fel rhan o'r ymdrech i godi ysbryd y bobl. Byddai'n deg dweud fod y sgriptiau yn amrywiol eu safon, ac nad yw'r ddeialog bob amser gyda'r mwyaf ysbrydoledig. Ond mae un ffilm o ddiddordeb arbennig i ni yng Nghymru hyd heddiw.

Wales – Green Mountain, Black Mountain yw teitl y ffilm, sy'n rhyw ddeng munud o hyd ac a ryddhawyd yn 1942. Unwaith eto, cloriannu cyfraniad pobl at y rhyfel yw'r bwriad, ac eto, yma, nid y cyfraniad ar faes y gad sydd o dan sylw, ond yr hyn sy'n digwydd gartref. Mae'r ffilm yn agor gyda chân Gymraeg o waith William Alwyn, ac mae geiriau agoriadol y troslais Cymreig ei acen yn rhamantaidd eu tôn: 'Morning mist glides over Snowdon, over the mountains where the men of Wales for centuries fought their enemies the English ...'

Mae'r sgript yn eiriog Ddylan-Thomasaidd ('the ageless, world-backed, morning-waking mountains') a'r brif neges yw fod pobl Cymru, gan gynnwys y bugail, y chwarelwr, y glöwr a'r dociwr, yn gwneud eu rhan i drechu'r gelyn. Ond nid y diwydiannol yn unig sy'n cael sylw, ac mae Dylan Thomas yn rhoi pwyslais hefyd ar Gymru fel gwlad beirdd a chantorion. Mae'n rhestru enwau capeli: Bethesda, Smyrna, Capel Horeb, Capel Seion, yn graig o barchusrwydd, medd y lleiaf parchus o feibion Cymru yn ei sgript. Oes, mae yma elfen ystrydebol, ond mae ambell linell o'r sgript yn hyfryd. Wrth sôn am y cyfarfodydd diwylliannol mewn capeli a neuaddau pentref, meddir: 'The young people dance, and the old, remembering, watch them.'

Ond mae yna fwy na hynny i'r ffilm hefyd. Unwaith eto, cawn weld efallai nad oedd y gwersi gwleidyddiaeth dros frechdanau a jeli yng nghegin Bert Trick yn yr Uplands wedi mynd yn angof – oherwydd mae i'r ffilm hon neges wleidyddol bwerus. Cyferbynnir y balchder cenedlaethol â dicter ynghylch ffawd y gweithwyr yn ystod blynyddoedd anodd y dirwasgiad, a thros luniau o ddynion di-waith yn casglu glo oddi ar dipiau, a gatiau gweithfeydd ar gau, mae'r sgript yn troi'n farddoniaeth – ond nid yn nodweddiadol o farddoniaeth arferol Dylan Thomas chwaith, er gwaetha'r cyflythrennu a'r odlau mewnol:

> Remember the procession of the old, young men,
> From dole queue to corner and back again,

From the pinched, packed street to the peak of slag
In the bite of the winter with a shovel and bag,
With a drooping fag and turned up collar,
Stamping for the cold at the ill-lit corner,
Dragging through the squalor with their hearts like lead,
Staring at the hunger and the shut pit-head.
Nothing in their pockets, nothing home to eat,
Lagging from the slag-heap to the pinched, packed street.
Remember the procession of the old, young men.
It shall never happen again.

(*Dylan Thomas: The Complete Screenplays*,
gol. John Ackerman, t.31)

Mae'r sgript yn *mynnu* na all hyn ddigwydd eto, ac na all y byd droi ei gefn ar y gweithwyr hyn byth eto. Ac yna, ar nodyn mwy rhamantaidd, daw'r ffilm i ben gyda lluniau o'r arfordir a rhagor o farddoniaeth. Unwaith eto, mae'r geiriau'n annodweddiadol o Dylan Thomas, yn debycach i lais y Parchedig Eli Jenkins, efallai:

For as long as the salt wind blows over Cardigan Bay,
And the Pembroke coast, white-washed with gulls, meets the
  mountainous day,
And the rocks of St David's echo and stand like cathedrals in
  the spray,
The voice of Wales is the voice of all free men.
We will work to win. War shall never happen again.

(*Dylan Thomas: The Complete Screenplays*,
gol. John Ackerman, t.31)

Er gwaetha'r elfen o ystrydeb yn rhai o'r delweddau o Gymru, mae'n ffilm bwerus hyd heddiw, a diddorol nodi fod rhywfaint o gynnwys gweledol y ffilm wedi'i ddangos mewn sinemâu yn 2013, yn ffilm ddogfen y cyfarwyddwr Ken Loach, *The Spirit of '45*. Fel yn achos y ffilm honno, mae gan *Wales – Green Mountain, Black Mountain* gydymdeimlad diffuant â ffawd pobl gyffredin, ac er bod yn rhaid cofio mai ffilm bropaganda at ddibenion codi morâl adeg rhyfel yw hi, mae'n anodd credu nad oedd elfen o'r gwladgarwr yn awdur y sgript.

Yn y cyfnod hwn, ac am weddill y rhyfel, teithio 'nôl a 'mlaen rhwng Cymru a'i waith yn Llundain a wnâi Dylan. Roedd bod yn Llundain yn golygu wynebu profiad erchyll y Blits, ac mae'r hyn a welodd o'i gwmpas yn Llundain wedi dylanwadu ar ei farddoniaeth yn y cyfnod hwn, gyda cherddi fel 'Ceremony after a Fire Raid', 'A Refusal to Mourn the Death, by Fire, of a Child in London' ac 'Among those Killed in the Dawn Raid was a Man Aged a Hundred' yn ymateb pwerus i'r dinistr. Er gwaethaf dymuniad Caitlin i fod gyda Dylan, daeth hi i dreulio cyfnodau yng Ngheredigion ac yn sir Gaerfyrddin, allan o ffordd y bomio.

Ym mis Mawrth 1943, ganed ail blentyn Dylan a Caitlin, Aeronwy, yr enw anarferol yn seiliedig ar y ffaith iddi gael ei chenhedlu ar lannau afon Aeron – os ffaith hefyd. Roedd Caitlin wedi treulio cyfnodau yn aros ym mhentref Tal-sarn, rhwng Aberaeron a Llanbedr Pont Steffan, trwy gysylltiad â Vera Killick, cyfaill i Dylan o'u hieuenctid yn Abertawe. Roedd ei mam hi'n hanu o Geinewydd, a rhoddodd do uwchben Caitlin yn yr ardal yn ystod y rhyfel. Byddai Dylan yn teithio yn ôl ac ymlaen rhwng Ceredigion a Llundain yn ôl galwadau ei waith, er y byddai'n aros weithiau yn y Castle yn Llanbedr Pont Steffan, ac yn gweithio ar ei sgriptiau yno.[18] Erbyn 1945, roedd Vera Killick yn byw mewn byngalo drws nesaf i Dylan a Caitlin yng Ngheinewydd – a dyma leoliad un o'r digwyddiadau rhyfeddaf ym mywyd Dylan – y saethu a anfarwolwyd yn y ffilm *Edge of Love* yn 2008, gyda Matthew Rhys a Sienna Miller yn gwneud Dylan a Caitlin hynod hardd, a Keira Knightley yn chwarae rhan Vera Killick. Mae'r stori wedi'i hadrodd yn helaeth, ond mae'n werth ei chrynhoi yma eto.

Byddai Dylan yn rhannu ei amser rhwng Llundain – lleoliad ei waith gyda Strand Films – a lle bynnag yr oedd cartref Caitlin ac Aeronwy, os nad oedden nhw yn gwmni i Dylan. Ymhen blynyddoedd byddai Caitlin yn ysgrifennu mewn anghrediniaeth yn nodi y byddai'n aml yn gadael Aeronwy yn eu fflat yn Llundain – ynghanol y rhyfel a'r ymgyrchoedd bomio – i fynd yn gwmni i'r dafarn gyda Dylan. Erbyn hyn roedd Llewelyn yn treulio'r rhan fwyaf o'i amser gyda'i fam-gu ar ochr ei fam, ffaith fyddai'n niweidio'i berthynas gyda'i rieni yn fawr. Llawer mwy diogel, felly, oedd dod o hyd i gartref ymhell oddi wrth y bywyd hwnnw, a dyna ddigwyddodd pan symudodd y teulu i'r byngalo â'r enw Majoda yng Ngheinewydd yn 1944. Cawsai'r cartref ei enwi drwy uno enwau plant y perchennog, ffaith a ogleisiai Dylan, a ddywedodd unwaith yn gellweirus ei fod am newid enw'r tŷ i Catllewdylaer.[19] Un noson, ychydig cyn diwedd y rhyfel, roedd Dylan gartref gyda'i deulu yng Ngheinewydd, ac wedi bod yn yfed yn y Llew Du gyda chyfeillion o Lundain a oedd yn gysylltiedig â Strand Films. Cafwyd ychydig o gythrwfl yn y dafarn rhwng y cwmni a dyn o'r enw William Killick, gŵr Vera, a oedd yn Gapten yn y fyddin a gartref o'r ymladd ers ychydig. Pan aeth Dylan a'i gyfeillion yn ôl i Majoda ar y noson dyngedfennol honno, dilynodd William Killick nhw a saethu tuag at y drws, ac yna at un o'r waliau'r tu mewn i'r tŷ. Yn ôl adroddiadau ar y pryd, llwyddodd Dylan i'w dawelu, ac mewn achos llys ymhen rhai wythnosau cafodd y Capten ei ddyfarnu'n ddieuog o geisio llofruddio. Er nad oedd y digwyddiad mor ddifrifol ag y byddai Dylan yn ei honni wrth ailadrodd yr hanes efallai, yn sicr roedd yn ddigwyddiad brawychus. Er na fu Dylan yn agos at wisgo lifrai milwr, daeth y rhyfel i ben yn sŵn gynnau a saethu, a hynny yn ei gartref ei hun.

1   Paul Ferris (gol.), *Dylan Thomas: The Collected Letters* (J. M. Dent, 1985), t.135

2   Darlledwyd yn wreiddiol gan y BBC ar 5 Tachwedd 1953. Gw. Ralph Maud (gol.),
     Dylan Thomas: The Broadcasts (J. M. Dent, 1991), t.280

3   Caitlin Thomas, *My Life with Dylan Thomas: Double Drink Story*
     (adarg., Virago, 2012), t.27

4   Deirdre Beddoe, *Out of the Shadows: A History of Women in Twentieth-century Wales*
     (Gwasg Prifysgol Cymru, 2000), t.12

5   Caitlin Thomas, *My Life with Dylan Thomas: Double Drink Story*, t.140

6   David N. Thomas (gol.), *Dylan Remembered: Volume Two 1935–1953*
     (Seren, 2004), t.213

7   Paul Ferris (gol.), *Dylan Thomas: The Collected Letters*, t.336

8   Caitlin Thomas, *My Life with Dylan Thomas: Double Drink Story*, t.88

9   Paul Ferris (gol.) *Dylan Thomas: The Collected Letters*, tt.26–34

10 Paul Ferris, *Dylan Thomas: The Biography* (arg. newydd, Y Lolfa, 2006), t.187

11 David N. Thomas (gol.), *Dylan Remembered: Volume One 1914–1934*
     (Seren: 2003), t.102

12 Paul Ferris (gol.), *Dylan Thomas: The Biography*, t.407

13 Paul Ferris (gol.), *Dylan Thomas: The Biography*, t.88

14 Caitlin Thomas gyda George Tremlett: *Caitlin: A Warring Absence* (arg. newydd,
     Pavanne, 1987), t.72

15 Gw. David N. Thomas (gol.), *Dylan Remembered: Volume Two 1935–1953*
     (Seren, 2004), tt.93–4

16 Jonathan Fryer, *The Nine Lives of Dylan Thomas* (Kyle Cathie Limited, 1993), t.143

17 *Dylan Thomas: A War Films Anthology*, DVD Imperial War Museum, 2009

18 Gw. Constantine FitzGibbon, *The Life of Dylan Thomas* (arg. newydd, J. M. Dent,
     1975), t.287

19 Paul Ferris (gol.), *Dylan Thomas: The Biography*, t.519

Wedi'r Rhyfel

Er bod y gwaith ar ffilmiau yn ystod ac yn dilyn y rhyfel wedi dod ag incwm sefydlog i Dylan, nid oedd ei sefyllfa ariannol fawr gwell, er bod ei flynyddoedd olaf yn rhai cymharol lewyrchus o safbwynt incwm, yn enwedig gyda'i deithiau i ddarllen barddoniaeth yn yr Unol Daleithiau, a'i waith darlledu. Yn 1952, cyhoeddwyd y *Collected Poems*, fu'n llwyddiant masnachol, a gwerthwyd yr argraffiad cyntaf o 5,000 o gopïau o fewn dim o dro. Bu hefyd yn llwyddiant gyda'r beirniaid, gyda Philip Toynbee yn cyhoeddi mai Dylan oedd y bardd Saesneg gorau ar dir y byw.

Ond doedd ganddo ddim syniad sut i gadw trefn ar bethau'n ariannol, ac ni lwyddodd erioed i gadw'r blaidd o'r drws, a phan fyddai'n cael gafael ar arian byddai'n ei wario fel dŵr. O'i gymharu â'r rhan fwyaf o Gymry'r cyfnod, roedd yn byw yn fras. Anfonodd Llewelyn ac Aeronwy i ysgolion preswyl, ac ymaelododd â chlybiau preifat yn Llundain. Roedd gan Caitlin help i ofalu am y plant a'r cartref, ac wrth gwrs, roedd angen talu am fwynhau bywyd. Am weddill ei ddyddiau, roedd Dylan yn ddibynnol ar haelioni nifer o noddwyr, benywaidd yn bennaf, oedd yn fodlon ei gefnogi'n ariannol mewn gwahanol ffyrdd. Y pwysicaf o'r rhain oedd Margaret Taylor.

Daeth hi i gysylltiad â Dylan gyntaf yn y tridegau, ac roedd yn grediniol ei fod yn fardd ifanc o bwys. Dechreuodd ei gefnogi drwy roi to uwch ei ben am gyfnodau byrion, ac ystafell er mwyn iddo ysgrifennu. Dros y blynyddoedd daeth i chwarae rôl fwy a mwy blaenllaw yn ei gynnal, er mawr ofid i'w gŵr, yr hanesydd blaenllaw A. J. P. Taylor. Bu Dylan, Caitlin a'r plant yn byw am gyfnod yng nghartref y Taylors yn Rhydychen, ar ôl y rhyfel, a phan âi eu rhieni i aros mewn tŷ haf ar waelod yr ardd byddai Aeronwy a Llewelyn yn byw gyda phlant y Taylors yn y tŷ. Ymhen blynyddoedd nid oedd gan A. J. P. Taylor air da i'w ddweud am Dylan, ac oherwydd ei fod mor awyddus i gael gwaredigaeth rhag yr hyn a welai fel obsesiwn Margaret â'r Bardd, cytunodd i gynllun newydd, sef eu bod yn prynu tŷ ar eu cyfer, gyda'r disgwyliad y bydden nhw'n talu rhent bychan. Roedd y cyntaf o'r rhain mewn pentref o'r enw South Leigh, heb fod ymhell o Rydychen, ac felly o fewn cyrraedd Llundain, lle byddai Dylan yn teithio'n gyson i ennill arian am ei waith darlledu ac, yn amlach na pheidio, wedi gwario'r cyfan cyn cyrraedd adref. Cafodd y teulu gyfnod cymharol sefydlog yn y pentref, a daeth D.J. a Florence atyn nhw am gyfnod wedi i Florence gael damwain. Erbyn hyn roedden nhw wedi gadael ardal Abertawe am byth, gan fyw am gyfnod gyda pherthnasau yn ardal Llan-y-bri, cyn setlo, fel y gwnaeth Dylan, yn Nhalacharn.

Ond roedd Dylan am fyw yng Nghymru, a phan glywodd fod tŷ o'r enw The Boat House ar werth yn ei hoff dref, perswadiodd Margaret Taylor i'w brynu. Symudodd y teulu yno yng ngwanwyn 1949, gan ddechrau ar gyfnod newydd yn ei fywyd – ei flynyddoedd olaf.

Ar ddiwrnod braf mae'n anodd dychmygu tŷ mwy delfrydol ar

gyfer bardd na'r Boat House. '[My] house on stilts' oedd disgrifiad
Dylan Thomas ohono yn y gerdd 'Poem on his Birthday', ac mae
wedi'i naddu bron iawn o'r graig uwchben afon Taf. Wedi dweud
hynny, oherwydd grym y llanw, roedd yn lle digon peryglus i fagu
plant, ac erbyn mis Gorffennaf 1949, roedd y trydydd o'r rheiny
wedi cyrraedd: mab, ag enw Gwyddelig y tro hwn, Colm, ac enw
Cymraeg yn enw canol – Garan, sef enw arall ar y crëyr glas a oedd
yn ymwelydd cyson â glannau afon Taf.

Mae'r tŷ ychydig y tu allan i'r dref ar hyd llwybr sy'n arwain
uwchlaw'r afon, a chyn cyrraedd ato, mae'r ymwelwyr – y pererinion
llenyddol niferus sy'n tyrru yno bob blwyddyn – yn dod ar draws
sied ysgrifennu Dylan. Dyma oedd un o brif atyniadau'r cartref i
Dylan – ystafell bwrpasol ar gyfer ei waith, yn ddigon pell o dwrw'r
teulu. Roedd yr olygfa'n ddelfrydol, ac i chwarae'i rhan yn rhai o'i
gerddi olaf – yn edrych dros aber yr afon â'i fyrdd adar, a thua'r
bryn – ysbrydoliaeth y gerdd 'Over Sir John's Hill'. Ac roedd rhythm
bywyd yn Nhalacharn yn siwtio Dylan, yn enwedig pan ddaeth ei
rieni oedrannus i fyw i dŷ o'r enw Pelican ynghanol y dref. Er bod
Dylan yn gallu bod yn ffrind esgeulus – methodd fod yn bresennol
ar gyfer ei ddyletswyddau fel gwas priodas i Vernon Watkins, nac
egluro'i absenoldeb ag unrhyw argyhoeddiad – roedd yn fab cariadus
a gofalus o'i rieni. Byddai'n ymweld â nhw bob bore i wneud croesair
y *Times* gyda D.J., cyn taro draw i'w hoff dafarn gyferbyn – y dafarn
sydd erbyn hyn yn fyd-enwog i bob pwrpas oherwydd y cysylltiad
hwn, sef Brown's. Mewn llythyr at ffrindiau yn Nhachwedd 1949 mae'n
rhestru'r bobl hynny sy'n rhan o'i fywyd dyddiol yn Nhalacharn ac

yn cyfeirio at ei rieni; mewn llai na brawddeg mae'n llwyddo i daflu goleuni ar natur personoliaethau'r ddau a chryn dipyn am natur eu perthynas â'u mab: 'my father ("This is the end of civilisation!"), my mother ("Now don't think I'm interfering, dear, I just happened to be looking out of the window as you fell down Brown's steps.")[1]

Nid yw'n hysbys pa mor aml y byddai'n syrthio i lawr y grisiau wrth adael Brown's, ond yn sicr roedd yn ymwelydd cyson. Ar ôl galw gyda'i rieni byddai'n croesi'r ffordd i gael peint neu ddau ac i glywed y diweddaraf am glecs y dref gan ei gyfeillion Ebie ac Ivy Williams, a redai'r dafarn, cyn mynd yn ôl i'r Boat House am ginio, a setlo yn y sied am y prynhawn i ysgrifennu. Gyda'r nos, byddai'n ei throi hi tua'r dafarn eto. Os oeddent am siopa neu fynd i'r sinema, byddai Dylan a Caitlin yn teithio i Gaerfyrddin, ac wrth gwrs roedd angen tripiau i Abertawe ac i Lundain bob hyn a hyn ar gyfer ei waith darlledu.

Mae'n swnio felly'n fywyd delfrydol, ond mae'r llythyron yn dangos nad felly roedd hi, ac mae nifer o sylwebyddion wedi gweld blynyddoedd olaf Dylan Thomas fel proses anochel, bron, o ddirywiad – yn ei iechyd, yn ei sefyllfa ariannol, yn ei allu i ysgrifennu barddoniaeth, ac yn ei briodas hefyd; roedd yna gysylltiad rhwng yr holl elfennau hyn, wrth gwrs. Nid oedd yn gyfnod cynhyrchiol yn ei farddoniaeth, a byddai'n treulio mwy a mwy o'i amser yn y sied yn ysgrifennu llythyron yn gofyn am arian, llythyron a oedd yn amlygu stad fregus ei iechyd meddyliol a chorfforol.

Roedd arian yn broblem barhaus, ond un ateb posib fu'n cyniwair yn ei feddwl oedd teithio i'r Unol Daleithiau. Roedd wedi ceisio am grant i fynd yno yn 1946, ond credai'r ffigwr dylanwadol Edith Sitwell –

gyda chryn graffter – y byddai diffyg arian Dylan a'i hoffter o'r ddiod gadarn – ac roedden nhw'n rhai cadarnach na'r arfer yn yr Unol Daleithiau – yn achosi problemau iddo. Yn 1947 enillodd ysgoloriaeth gan Gymdeithas yr Awduron i fynd i'r Eidal, ac aeth y teulu cyfan, gan gynnwys chwaer Caitlin a'i mab hithau, i dreulio ychydig fisoedd yno. Er bod Dylan wedi llwyddo i weithio ar y gerdd hir 'In Country Sleep' yno, nid oedd y trip yn llwyddiant mawr. Heb ei gwrw arferol, trodd Dylan at win coch, gan olygu ei fod yn meddwi'n haws. Tra oedd Caitlin yn ffynnu yn sgil y sylw a gâi gan ddynion ifanc yr Eidal, straffaglai Dylan i ymdopi yn y gwres, ac ni lwyddodd i ddysgu mwy nag ychydig eiriau o Eidaleg.

Yn y pen draw gwireddwyd ei uchelgais i deithio i'r Unol Daleithiau gyda'r bwriad penodol o ennill arian. Roedd ei waith eisoes yn adnabyddus yno, ers iddo gael ei gyhoeddi yno am y tro cyntaf yn 1938. Nid trwy ei gyhoeddwyr y trefnwyd yr ymweliadau, ond gan ŵr o'r enw John Malcolm Brinnin, edmygydd o'i waith a oedd newydd ei benodi i redeg canolfan farddoniaeth yn y Young Men's and Young Women's Hebrew Association yn Efrog Newydd. Ysgrifennodd at Dylan yn 1949 yn cynnig talu iddo deithio i Efrog Newydd i ddarllen ei waith yn y ganolfan honno, a chynigiodd weithredu fel asiant answyddogol iddo gan drefnu cyfres o ymddangosiadau eraill ledled y wlad er mwyn sicrhau fod y daith yn werth chweil yn ariannol. Yn 1950 teithiodd Dylan i Efrog Newydd ar gyfer y cyntaf o'i bedwar ymweliad ag Unol Daleithiau America.

Mae cryn dipyn o hanes y teithiau hynny yn hysbys. Yn 1956 cyhoeddodd John Malcolm Brinnin ei lyfr *Dylan Thomas in America*, a oedd i achosi cymaint o loes i Florence Thomas ac i gyfeillion y bardd. Yn y llyfr cawn ddarlun lliwgar o'i ymddygiad yn ystod ei deithiau barddonol, ac er nad oedd Brinnin yn dyst i'r holl anturiaethau ei hun, mae'n debyg fod y darlun oedd ynddo'n cynnwys mwy nag ychydig o'r gwirionedd, nad oedd bob amser yn garedig iawn tuag at y gwrthrych o dan sylw. Y llyfr yma sy'n gyfrifol am gryn dipyn o'r ddelwedd boblogaidd o Dylan Thomas: y darllenwr cyhoeddus ysbrydoledig a fyddai'n cyffroi cynulleidfaoedd o filoedd, ond a achosodd sgandal ar hyd a lled yr Unol Daleithiau gyda'i ymddygiad meddw a'i sylwadau anweddus. Mae'n ddarlun cofiadwy, a dweud y lleiaf, ac mae'n hawdd gweld sut y gallai fod wedi achosi loes i'r rheiny a fagwyd yn y Gymru anghydffurfiol, barchus. Ond os am bortread o anturiaethau meddw'r bardd bohemaidd, dyma'r llyfr i'w ddarllen. Dyma ddisgrifiad Brinnin ohono: 'his hair a matted aureole, his crooked teeth brown with tobacco stains, his paunchy flesh bunched into fuzzy tweeds, he was not even a memory of the seraphic young artist Augustus John had painted some fifteen years before.'[2]

Pe bai rhywun yn gofyn iddo pam roedd wedi dod i'r Unol Daleithiau, byddai'n ateb, 'To continue my life-long search for naked women in wet mackintoshes,'[3] a hoffai ddiddanu ei gwmni drwy rannu straeon aflednais am y teulu brenhinol ac am wleidyddion o Brydain. Wrth iddo deithio'r wlad yn darllen ei waith (a gwaith beirdd eraill) yn gyhoeddus, trefnwyd nifer o bartïon ar ei gyfer, a daeth yn arfer iddo achosi sgandal drwy ei ymddygiad, yn enwedig yn ei ddull o wneud sylwadau awgrymog am ferched yn eu presenoldeb nhw eu hunain – a'u gwŷr, yn aml iawn.

Yn ystod y teithiau hyn hefyd daeth ei hoffter o alcohol – ac o dafarndai – yn fwyfwy amlwg, ac yn bryder mawr i'r rhai oedd wedi trefu'r darlleniadau. Eto i gyd roedd y rheiny'n llwyddiant. Roedd dros fil o bobl yn bresennol yn y darlleniad cyntaf yn Efrog Newydd, ac yn ôl Brinnin, ni chawsant eu siomi. Erbyn hyn, sonnir am Dylan Thomas fel y bardd olaf o Brydain i wneud argraff go iawn yn yr Unol Daleithiau, ac mae'n anodd gorbwysleisio dylanwad y darlleniadau hyn. Yn ôl un o'i gofianwyr, Andrew Lycett, cafodd ei ddathlu fel duw oherwydd yr hyn a wnaeth wrth ddarllen yn gyhoeddus:

> taking verse out of the printed page and into the auditorium just as culture was being democratised. He managed the former without the usual condescension of British poets and, as for the latter, he anticipated the beat poets with his sense of theatre and 'happening'.[4]

Cafodd deithio ar hyd a lled yr Unol Daleithiau, gan gyrraedd Los Angeles ym mis Ebrill. Mae'n werth oedi yn y fan hyn i adrodd un o'r straeon rhyfeddaf yn hanes Dylan Thomas. Mae sawl fersiwn ohoni'n bodoli, ond un sy'n dod o lygad y ffynnon, sef fersiwn yr actores Shelley Winters, o'i hunangofiant yn 1989. Mae'n anochel fod treigl y blynyddoedd wedi arwain at orliwio'r hanes, ond mae'n un o'r straeon hynny sy'n haeddu bod yn wir, hyd yn oed os nad yw'r manylion i gyd yn gwbl ffeithiol gywir.

Roedd Dylan wedi dod yn gyfaill i'r awdur Christopher Isherwood, awdur y nofel *Goodbye to Berlin* (sail y ffilm *Cabaret* ymhen blynyddoedd), a thrwyddo ef cafodd ei gyflwyno un noson i

Shelley Winters, actores ffilm boblogaidd a thipyn o *blonde bombshell*, a defnyddio un o ymadroddion y dydd. Gofynnodd hi i Dylan pam yr oedd wedi dod i Hollywood. Dyma'i ateb, ac mae hi'n frawddeg ddigon nodweddiadol o'r bardd i fod yn wir: 'To touch the titties of a beautiful blonde starlet and to meet Charlie Chaplin.'[5]

Wel, roedd Shelley Winters yn digwydd bod mewn sefyllfa i helpu gyda'r naill gais a'r llall, ac yn ôl ei fersiwn hi o'r digwyddiad, rhoddodd Dylan ei fys mewn gwydraid o siampên, cyn ei rhedeg yn ofalus ar hyd ei bronnau, 'leaving a streak in my pancake body make up'. Ac ymateb Dylan: 'Oh, God, Nirvana,' he uttered. 'I do not believe it's necessary for me to meet Charlie Chaplin now.'

Cafodd Dylan wahoddiad i swper yn fflat Shelley Winters, ac aeth yno'r noson ganlynol i fwynhau'r pryd bwyd oedd wedi'i goginio ganddi hi a'i chyd-letywraig, Marilyn Monroe. Y noson honno, roedd un o eiconau mwyaf y byd ffilm erioed yng ngofal y martinis (a gymysgwyd mewn potel laeth), a'r saws afal a oedd i gyd-fynd â'r porc a oedd ar y fwydlen. Nid oedd Marilyn yn fawr o gogyddes, mae'n debyg, ac yn y diwedd yfodd y cwmni'r saws, a oedd yn cynnwys potel gyfan o Cointreau. Rhyfeddodd Shelley Winters at allu Dylan i yfed, ac roedd yntau, meddai, mewn sylw sy'n swnio'n debygol iawn, yn rhyfeddu ei bod hi'n bosib prynu sigarennau ac alcohol mewn archfarchnadoedd yng Nghaliffornia.

Wedi'r swper meddwol, nod nesaf y cwmni oedd gwireddu ail uchelgais Dylan, ac ymlaen â nhw i barti yn nhŷ Charlie Chaplin. Yn fersiwn Shelley Winters o'r hanes, nid oedd rhyw lawer o groeso i'r Cymro meddw, a daeth y noson i ben gyda Dylan yn piso ar blanhigyn wrth y drws ffrynt. Pa un a yw hynny'n wir ai peidio, mae'n sicr iddo berswadio Charlie Chaplin i yrru telegram at Caitlin, a oedd gartref yn Nhalacharn, i brofi fod Dylan – a oedd yn ffan mawr o'r sinema ers ei ieuenctid – wedi cwrdd â'i arwr.

Gyda hanesion o'r fath, does ryfedd fod ymweliadau Dylan â'r Unol Daleithiau wedi ychwanegu cymaint at y myth. Yng ngeiriau Brinnin, 'he roared across the continent creating the legend that still grows and changes and threatens altogether to becloud the personality of the man who wrote the poems of Dylan Thomas.'[6] Dim ond un darn a ysgrifennodd Dylan ei hun am ei ymweliadau â'r Unol Daleithiau, ac ynddo mae'n sôn yn nodweddiadol hunanfychanol amdano'i hun fel un o res o ymwelwyr tramor: yr academyddion, yr awduron, y darlithwyr a'r 'fat poets with slim volumes' sy'n mentro i'r Unol Daleithiau bob blwyddyn i ddarlithio, ac am frwdfrydedd y cynulleidfaoedd beth bynnag fo'r pwnc: 'an audience will receive a lantern-lecture on, say, ceramics, with the same uninhibited enthusiasm that it accorded the very week before to a paper on the Modern Turkish Novel.'[7]

A dyma'i ddisgrifiad o'r math o bartïon y byddai'n gorfod eu mynychu:

> He is then taken to a small party of only a few hundred people all
> of whom hold the belief that what a visiting lecturer needs before
> he trips on to the platform is just enough martinis so that he can
> trip *off* the platform as well. And, clutching his explosive glass,
> he is soon contemptuously dismissing, in a flush of ignorance
> and fluency, the poetry of those androgynous literary ladies with
> three names who produce a kind of verbal ectoplasm to order
> as a waiter dishes up spaghetti – only to find that the fiercest of

these, a wealthy huntress of small, seedy lions (such as himself), who stalks the middle-western bush with ears and rifle cocked, is his hostess for the evening. Of the lecture he remembers little but the applause and maybe two questions: 'Is it true that the young English intellectuals are *really* psychological?' or, 'I always carry Kierkegaard in my pocket. What do you carry?'[8]

Mae'r paragraff yna'n cynnwys cryn dipyn o'r gwir, yn arbennig ynghylch ei allu i sathru ar draed y rheiny a oedd wedi estyn croeso iddo. Gwaethygodd y broblem ar ei ail ymweliad yn 1952 pan aeth Caitlin gydag ef yn gwmni. Yn ystod ei daith gyntaf dechreuodd Dylan berthynas gyda dynes o'r enw Pearl Kazin; clywodd Caitlin yr hanes, a bu'n ergyd drom i'w phriodas. Gwnaeth Dylan ei orau glas i wadu ei anffyddlondeb, hyd yn oed wrth ei ffrindiau gorau, ond un canlyniad oedd fod Caitlin wedi mynnu mynd gydag ef i'r Unol Daleithiau ar ei ymweliad nesaf. Nid oedd yn syniad da.

Yn ariannol, er bod y teithiau hyn yn ennill symiau sylweddol i Dylan, llwyddai rywsut i wario'r cyfan, ac ar ddiwedd y daith gyntaf, gyrrodd John Malcolm Brinnin fag llaw yn anrheg i Caitlin gydag arian wedi'i guddio ynddo, cymaint oedd ei bryder nad oedd y trip am dynnu'r teulu allan o'u twll ariannol. Ond nid oedd cael Caitlin yn gwmni i'w gŵr yn golygu fod arian yn cael ei roi o'r neilltu: i'r gwrthwyneb, byddai hi'n gwario'r un mor afradlon â'i gŵr, a gwariodd y ddau ohonynt ffortiwn ar ddillad, er bod eu trafferthion ariannol wedi arwain at brofiad annymunol iawn i'r Llewelyn ifanc. O dan ddylanwad Margaret Taylor, roedd y bachgen wedi'i yrru i ysgol breswyl yn Rhydychen, ac am gyfnod, cafodd ei anfon oddi yno am nad oedd y ffioedd wedi'u talu.

Roedd Caitlin hefyd yn ddiamynedd iawn gyda'r holl sylw a gâi ei gŵr. Ymhen blynyddoedd byddai'n sôn pa mor anodd oedd hi iddi dderbyn ei lwyddiant ef ochr yn ochr â'i breuddwydion hithau am gael bod yn ddawnswraig lwyddiannus; credai ei bod wedi'i chreu ar gyfer 'better things than being the abandoned housewife of a famous poet'.[9] Rywsut, roedd bod wrth ei ochr i weld ei lwyddiant yn yr Unol Daleithiau yn gwaethygu'r sefyllfa, a byddai'r rhai oedd o'i chwmpas yn cael blas o'i thafod yn aml iawn. Yn ôl Brinnin, roedd Dylan yn holi academydd am ei gyd-weithwyr un tro, ond ymyrrodd Caitlin yn y sgwrs a gofyn i'r dieithryn, 'Are they all stuffed shirts like yourself?'[10]

Hyd yn oed gartref yn Nhalacharn doedd eu perthynas fawr gwell. Ysgrifennodd Caitlin yn ei hunangofiant am ei hanffyddlondeb gyda dynion lleol, y cyfan o dan ddylanwad yr alcohol ddaeth yn gymaint o broblem yn ei bywyd hithau hefyd. Pan fyddai Dylan ar y cwrw, byddai hi'n yfed wisgi. Tueddai Dylan i anwybyddu'r sôn am ei hanturiaethau rhywiol – ac roedd yna sôn amdanynt yn Nhalacharn – ond roedd ei anffyddlondeb ef yn achos dicter mawr iddi hi – ac i'w deimlo yn y geiriau a ysgrifennodd ddegawdau yn ddiweddarach:

> I believed in my blindness that he was my chosen, made especially for me; my funny, cuddly, softly endearing precious possession whom nobody but myself would be so cracked as to think of choosing for a bed-mate forever ... But, how wrong could I be! How naïve! How puerile to the point of idiocy! On the contrary, it appeared that every woman coveted the

bodily possession of my sympathetic ugly little duckling – just
to say she had been to bed with a genius for the night.[11]

Mae mwy nag un o'r ymwelwyr â'r Boat House yn y cyfnod hwnnw wedi cyfeirio at y ffraeo rhwng y ddau, a'r ymlad corfforol ar adegau hefyd. Eto i gyd, roedd ar Dylan angen Caitlin, ac angen sicrwydd y berthynas a'r cartref yr oedd hi wedi'i greu ar ei gyfer. Ysgrifennai lythyron ati yn llawn angerdd, ond mae'n brofiad rhyfedd eu darllen o wybod am ei anffyddlondeb cyson a difeddwl, bron. Dyma un enghraifft o lythyr at Caitlin yn ystod ei daith gyntaf i'r Unol Daleithiau, pan oedd yn cynnal perthynas hefyd gyda Pearl Kazin:

I love you. I love you. I love you ... Oh my golden heart, how I
miss you. There's an intolerable emptiness in me, that can be
made whole only by your soul and body. I will come back alive
& deep in love with you as a cormorant dives, as an anemone
grows, as Neptune breathes, as the sea is deep.[12]

Ar fwy nag un achlysur roedd yn ymddangos nad oedd dyfodol i'w perthynas. Yn 1951 cafodd Dylan daith dramor arall, i Bersia y tro hwn, ar ran yr Anglo-Iranian Oil Company, gyda'r bwriad o ysgrifennu sgript ffilm ar eu cyfer. Ddaeth dim o hynny yn y diwedd. Ond tra oedd ar y daith mae'n ymddangos fod Caitlin wedi ysgrifennu ato i ddod â'r briodas i ben, a dyma ei ateb ef i'w llythyr:

Your letter, as it was meant to, made me want to die. I did
not think that, after reading it so many times till I knew every
pain by heart, I could go on with these days and nights, alone

with my loneliness – now, as I know too well, for ever – and knowing that, a long way and a lifetime away, you no longer loved or wanted me.[13]

Bu cymod rhwng y ddau, ond dim newid yn eu ffordd o fyw. Ac roedd yna broblemau eraill gan Dylan. Yn ystod ei flynyddoedd olaf dirywiodd iechyd D. J. Thomas yn fawr. Er bod y gerdd 'Do not go gentle into that good night' yn aml yn cael ei thrafod fel cerdd a gyfansoddwyd ar wely angau D.J., mewn gwirionedd cafodd ei chyhoeddi gyntaf dros flwyddyn a hanner cyn ei farwolaeth: wrth ei hanfon at Marguerite Caetani, un arall o'i noddwyr, a oedd yn talu Dylan am gerddi i'w cyhoeddi yn ei chylchgrawn llenyddol *Botteghe Oscure*, dywedodd nad oedd ei dad yn ymwybodol ei fod yn marw.[14] Bu'n broses araf, ac mae Constantine FitzGibbon yn cyfeirio at atgof Aneirin Talfan Davies o gwrdd â Dylan yn ystod y cyfnod hwnnw, a'r ddau yn eistedd am oriau mewn caffi yn Abertawe yn yfed coffi, gyda Dylan, am unwaith, yn dawel.[15] Bu farw D.J. yn y diwedd ar 16 Rhagfyr 1952. Yn ôl Aeronwy Thomas, a oedd yn blentyn naw oed ar y pryd, fe wnaeth Florence ymdopi'n dda, ond cafodd y farwolaeth effaith fawr ar Dylan, ac roedd y profiad o fod yn yr amlosgfa yn achos trawma arbennig iddo.[16] Mae nifer o lythyron diolch Dylan at y rhai a oedd wedi cysylltu â'r teulu i gydymdeimlo wedi goroesi, ac ym mhob un, bron, mae Dylan yn sôn am ddioddefaint ei dad, a fu farw mewn poen a bron yn ddall.

O fewn pedwar mis, roedd chwaer Dylan, Nancy, wedi marw o ganser yn India. Yn yr un flwyddyn, hefyd, bu farw un arall o'i noddwyr, y Gymraes Marged Howard-Stepney – ergyd ariannol i Dylan yn fwy na dim. Cafodd Caitlin ddau erthyliad o fewn blwyddyn, yn methu amgyffred gorfod ymdopi â phlentyn arall. A chafodd Talacharn ei siglo gan lofruddiaeth un o'r trigolion oedrannus mewn lladrad treisgar: arestiwyd dyn mud a byddar a elwid yn Booda ac a oedd yn gyfaill i deulu Dylan ac yn ymwelydd cyson â'r Boat House. Bu cryn amser cyn iddi ddod yn amlwg ei fod yn gwbl ddieuog o'r drosedd, ac ni chafodd y gwir lofrudd ei ddal tan ar ôl marwolaeth Dylan. Wrth reswm, yr oedd digwyddiad o'r math yma'n brin iawn yng ngorllewin Cymru, fel y mae heddiw, ac mae'n debyg ei fod wedi dychryn Dylan a'r trigolion eraill yn fawr.

Nid oedd iechyd Dylan ei hun yn gryf. Er ei fod wedi gorliwio natur ei broblemau iechyd gydol ei oes – hoffai'r syniad o'r bardd tlawd yn dioddef o'r diciâu – does dim amheuaeth nad oedd y blynyddoedd o smygu, yfed, a'i ddiffyg diddordeb mewn bwyd ('Good God man, we had a sandwich three weeks ago!' meddai wrth un cyfaill a awgrymodd y byddai pryd o fwyd yn syniad da) [17] wedi gadael eu hôl. Soniodd John Malcolm Brinnin gyda braw am y peswch difrifol fyddai'n effeithio arno'n gyson, ac a oedd mor ddifrifol ar brydiau nes ei fod yn chwydu.

Yn ystod ei ddwy daith olaf i'r Unol Daleithiau yn 1953, bu Dylan yn cynnal perthynas gyda chynorthwyydd John Malcolm Brinnin, Liz Reitell. Daeth hi'n ffigwr pwysig yn ei fywyd wrth iddo ymlafnio i orffen ei ddrama i leisiau, *Under Milk Wood,* ar gyfer y perfformiad cyntaf yn Efrog Newydd yn 1952. Dyma'i waith olaf a mwyaf poblogaidd, ond bu'n gryn dasg i Dylan ei gwblhau. Eto i gyd, roedd y perfformiad cyntaf yn Efrog Newydd yn llwyddiant, a chafodd y gwaith hynod Gymreig hwn dderbyniad gwresog yr ochr arall i Fôr Iwerydd, gyda Dylan ei hun yn perfformio yn y darlleniadau cyntaf. Er gwaetha'r problemau dybryd yn ei fywyd, ac er nad oedd yn doreithiog fel bardd yn y cyfnod hwn, nid yw'n gywir credu fod ei yrfa fel llenor ar ben. Roedd ganddo hefyd brosiect cyffrous iawn ar y gweill, sef y posibilrwydd o ysgrifennu opera ar y cyd â'r cyfansoddwr byd-enwog Igor Stravinsky. Ac yn y cyfamser roedd disgwyl llawer iawn mwy o berfformiadau o *Under Milk Wood* yn Efrog Newydd pan deithiodd Dylan yno ar 19 Hydref 1953: ei bedwerydd ymweliad â'r Unol Daleithiau, a'r olaf.

Gellid llenwi cyfrol gyfan am ddyddiau olaf Dylan Thomas, ac yn wir, mae rhai wedi gwneud hynny. Mae ei farwolaeth yn destun chwedl a theorïau di-sail am gynllwynion. Ond dyma grynodeb byr o'r hanes. Yn ystod y dyddiau wedi iddo gyrraedd Efrog Newydd treuliodd Dylan amser yng nghwmni ei gariad, Liz Reitell, ac roedd cryn bryder am ei iechyd. Bu'n gweld meddyg o'r enw Milton Feltenstein, gŵr a oedd wedi helpu Dylan yn y tymor byr – os nad y tymor hir – drwy fod yn barod i roi cyffuriau iddo i'w alluogi i barhau i weithio. Mewn llythyr cynharach mae Dylan am i Liz Reitell ei gofio ato ac meddai: 'he picked me out of the sick pit with his winking needle and his witty wild way.'[18]

Ond ar yr ymweliad olaf hwn ag Efrog Newydd nid oedd golwg iach ar Dylan; dyma ddisgrifiad Brinnin ohono: 'His face was lime-white, his lips loose and twisted, his eyes dulled, gelid, and sunk in his head. He showed the countenance of a man who has been appalled by something beyond comprehension.'[19]

Yn ystod y dyddiau ar ôl iddo gyrraedd Efrog Newydd, parhaodd â'i waith, ond parhau wnaeth yr yfed hefyd, yn drwm iawn ar brydiau. Ar fore'r pedwerydd o Hydref, deffrodd am ddau y bore, a gadael Liz Reitell yn ei ystafell yng ngwesty'r Chelsea, gan gyhoeddi ei fod am fynd allan i gael diod. Daeth yn ei ôl o fewn awr a hanner, gan wneud ei gyhoeddiad enwog, 'I've had eighteen straight whiskies. I think that's the record.'[20] Profwyd yn ddiweddarach nad oedd hyn yn wir, ond roedd y gor-ddweud yn nodweddiadol ohono. Faint bynnag o wisgi a yfodd, ni wnaeth unrhyw les i'w iechyd bregus, ac ar ôl iddo ddeffro'r bore wedyn, galwyd y meddyg Milton Feltenstein ato, a'r tro hwn nid oedd ei ddefnydd o'r 'winking needle' o gymorth. Rhoddodd chwistrelliad o forffin iddo i geisio lleddfu'r boen y cwynai Dylan amdani: ond roedd y dos yn rhy fawr, ac o fewn oriau llithrodd Dylan i goma, ac yn y pen draw – ond yn rhy hwyr i'w achub – cafodd ei gludo i ysbyty St Vincent's yn y ddinas.

Os oedd ei fywyd yn felodrama, felly hefyd ei farwolaeth. Bu mewn coma yn yr ysbyty am nifer o ddyddiau, a daeth ymwelwyr niferus at erchwyn ei wely. Teithiodd Caitlin i Efrog Newydd, ac ar ôl yfed ei hun yn wirion ar y daith, ei geiriau cyntaf wrth Brinnin yn yr ysbyty oedd, 'Why didn't you write to me? Is the bloody man dead or alive?' Gwaethygodd y sefyllfa wrth iddi barhau i yfed a throi'n dreisgar: cafodd ei chludo i ysbyty meddwl yn erbyn ei hewyllys.[21]

Bu farw Dylan ar 9 Tachwedd 1953. Gwnaed pob math o honiadau ynghylch achos ei farwolaeth, ond nid yw'r dystiolaeth wyddonol yn cefnogi rhai o'r theorïau, megis y gred angerddol gan nifer ei fod yn dioddef o glefyd y siwgr.[22] Ac nid yr wisgi, faint bynnag ohono yr oedd wedi'i yfed, oedd yn bennaf cyfrifol chwaith. Yn ôl y dadansoddiad mwyaf cytbwys a gwyddonol o'i farwolaeth, gan David N. Thomas a'r Dr Simon Barton,[23] mae'n debyg fod haint ar ei ysgyfaint wedi arwain at niwmonia cyn iddo gael ei gludo i'r ysbyty, a bod penderfyniad Milton Feltenstein i'w drin â morffin wedi bod yn gamgymeriad dybryd – yn esgeulustod meddygol. Ond nid y meddyg hwnnw yn unig oedd yn esgeulus – roedd Dylan wedi'i esgeuluso'i hun ers blynyddoedd. Casgliad David N. Thomas a'r Dr Simon Barton yw hyn:

> Dylan had always romantically seen himself as 'the tubercular poet', but in truth it was his long-standing condition of bronchitis that did for him. His inability to take his health seriously, to stop smoking, to drink less, and to eat and sleep properly ensured that his chronic and acute bronchitis would lead, through pneumonia, to his death.[24]

Nid yw hanes blynyddoedd olaf Dylan Thomas bob amser yn ddarllen cyfforddus, ac mae'n hawdd gweld bai arno am y difaterwch ymddangosiadol hwn tuag at ei iechyd ei hun. Y gwir yw, pe bai wedi bod yn fwy gofalus o'i iechyd, byddai wedi byw yn llawer hirach. Cyfarfu â'r dramodydd mawr Arthur Miller ychydig cyn ei farwolaeth, ac argraff hwnnw ohono oedd ei fod yn ddyn ifanc a fyddai'n gwbl iach pe bai ddim ond yn treulio wythnos oddi ar y ddiod gadarn,[25] ac mae'n debyg fod yna lawer iawn o'r gwir yn hynny. A fyddai Dylan wedi llwyddo i wneud hynny, sy'n gwestiwn arall. Ond bid a fo am hynny, y gwir yw fod ei farwolaeth yn drasiedi: i'w deulu a'i ffrindiau, ond hefyd i lenyddiaeth. Ac at ei lenyddiaeth y byddwn yn troi ein sylw nesaf.

1   Paul Ferris (gol.), *Dylan Thomas: The Collected Letters* (J. M. Dent, 1985), t.726.

2   John Malcolm Brinnin, *Dylan Thomas in America* (ail arg., J. M. Dent, 1957), t.15.

3   John Malcolm Brinnin, *Dylan Thomas in America*, t.15

4   Andrew Lycett, *Dylan Thomas: A New Life* (arg. clawr papur, Phoenix, 2004), t.334

5   Shelley Winters, *Best of Times, Worst of Times*, (Muller, 1989), t.31

6   John Malcolm Brinnin, *Dylan Thomas in America*, tt.40–1

7   Ralph Maud (gol.), *Dylan Thomas: The Broadcasts* (J. M. Dent, 1991), t.274

8   Ralph Maud (gol.), *Dylan Thomas: The Broadcasts*, t.278

9   Caitlin Thomas, *My Life with Dylan Thomas: Double Drink Story*
      (adarg., Virago, 2012), t.145

10 John Malcolm Brinnin, *Dylan Thomas in America*, t.107

11 Caitlin Thomas, *My Life with Dylan Thomas: Double Drink Story*, t.142

12 Paul Ferris (gol.), *Dylan Thomas: The Collected Letters*, t.755

13 Paul Ferris (gol.), *Dylan Thomas: The Collected Letters*, tt.786–7

14 Paul Ferris (gol.), *Dylan Thomas: The Collected Letters*, t.800

15 Constantine FitzGibbon, *The Life of Dylan Thomas* (arg. newydd, J. M. Dent,
      1975), t.383

16 Aeronwy Thomas, *My Father's Places* (Llundain: Constable, 2009), t.171

17 David N. Thomas, (gol.), *Dylan Remembered: Volume Two 1935–1953*
      (Seren, 2004) t.42

18 Paul Ferris (gol.), *Dylan Thomas: The Collected Letters*, t.892

19 John Malcolm Brinnin, *Dylan Thomas in America*, t.191

20 John Malcolm Brinnin, *Dylan Thomas in America*, t.203

21 Geiriwyd y sefyllfa ychydig yn fwy delicet gan *Baner ac Amserau Cymru* yn yr
      adroddiad ar y dudalen flaen am farwolaeth Dylan Thomas: 'Cyrhaeddodd ei briod
      i Efrog Newydd mewn awyren ddydd Sul, ac aeth yn syth i'r ysbyty at erchwyn
      gwely ei gŵr. Bu gydag ef o hyd nes y gorchmynnwyd iddi fynd i orffwys gan
      swyddogion yr ysbyty.' *Baner ac Amserau Cymru*, 11 Tachwedd 1953.

22 Cafwyd prawf negyddol ar gyfer clefyd y siwgr pan oedd yn yr ysbyty yn St Vincent's
      yn Efrog Newydd. Gw. David N. Thomas (gol.), *Dylan Remembered:
      Volume Two 1935–1953*, t.264

23 Gw. 'Death by Neglect', David N. Thomas gyda Dr Simon Barton, yn David N. Thomas
      (gol.), *Dylan Remembered: Volume Two 1935–1953*, tt.252–84

24 'Death by Neglect', David N. Thomas gyda Dr Simon Barton, yn David N. Thomas
      (gol.), *Dylan Remembered: Volume Two 1935–1953*, tt.272–3

25 Arthur Miller, *Timebends: A Life* (adarg., Minerva, 1996), t.514

Barddoniaeth

Yn ystod ei oes, cyhoeddodd Dylan Thomas bum cyfrol o farddoniaeth ym Mhrydain. Dilynwyd *18 Poems* (1934) a *Twenty-five Poems* (1936) gan *The Map of Love* (1939), cyfuniad o farddoniaeth a saith stori fer. Roedd amseru'r cyhoeddi yn anffodus, a dweud y lleiaf, ac roedd hi'n anochel na fyddai llyfr a gyhoeddwyd ar ddechrau rhyfel yn cael fawr o gyfle i wneud argraff. Ar ôl blynyddoedd toreithiog ei ieuenctid, daeth ysgrifennu barddoniaeth yn fwy o her i Dylan, yn rhannol oherwydd y pwysau a oedd arno i ennill bywoliaeth. Yn 1946, fodd bynnag, cadarnhawyd ei enw fel un o brif feirdd yr iaith Saesneg ei gyfnod gyda chyhoeddi *Deaths and Entrances*, cyfrol a ddaeth i sylw cynulleidfa ehangach na'i lyfrau blaenorol. Roedd nifer o'r cerddi wedi'u hysgogi'n uniongyrchol gan brofiadau Dylan adeg y rhyfel, ac roedd eraill, fel 'Fern Hill' a 'The Hunchback in the Park' yn ymdrech i edrych yn ôl ar blentyndod coll, fel y gwnaeth yn ei gasgliad rhyddiaith *Portrait of the Artist as a Young Dog*, a oedd wedi ei gyhoeddi chwe blynedd ynghynt.

Ym mis Tachwedd 1952, cyhoeddwyd ei *Collected Poems 1934–1952*, cyfuniad o'r casgliadau blaenorol a saith cerdd newydd, yn eu plith 'Do not go gentle into that good night', ei ymateb i waeledd terfynol D. J. Thomas. Mae gwybod am gymeriad y dyn a'i natur biwis, ond eto am edmygedd di-ben-draw Dylan tuag ato, yn egluro llawer am y gerdd ac am y rhesymau pam yr oedd y mab yn ymbil, 'Curse, bless me now with your fierce tears, I pray.' Roedd y casgliad hefyd yn cynnwys y gerdd sy'n dangos yn fwyaf amlwg ddylanwad ei sied ysgrifennu yn Nhalacharn – 'Over Sir John's Hill'. Cyflwynwyd y cerddi i Caitlin, ac mae'r nodyn ar ddechrau'r gyfrol gan Dylan yn ychwanegu:

> I read somewhere of a shepherd who, when asked why he made, from within fairy rings, ritual observances to the moon to protect his flocks, replied: 'I'd be a damn' fool if I didn't!' These poems, with all their crudities, doubts, and confusions, are written for the love of Man and in praise of God, and I'd be a damn' fool if they weren't.'

Gwerthodd y gyfrol yn rhyfeddol ar y ddwy ochr i Fôr Iwerydd, ac yn fwy fyth, wrth gwrs, yn dilyn marwolaeth Dylan y flwyddyn ganlynol. O fewn llai na chwarter canrif, aeth o fod yn fachgen ifanc yn ei arddegau yn cyfansoddi cerddi yn ei ystafell wely i fod yn un o feirdd amlycaf yr ugeinfed ganrif yn yr iaith Saesneg. Beth sy'n fwy rhyfeddol fyth yw ei fod wedi llwyddo i wneud hynny heb fynd i'r brifysgol, ac felly heb unrhyw gysylltiad ar ddechrau ei yrfa â'r cylchoedd academaidd a oedd mor ganolog i'r byd barddonol yn Lloegr. Ac, yn rhyfeddach fyth, llwyddodd i ddod yn fardd poblogaidd a gyrhaeddodd gynulleidfa eang er gwaetha'r ffaith fod cymaint o'i waith yn astrus iawn. Yng ngeiriau'r bardd T. S. Eliot:

'It was a peculiarity of his type of genius that he either wrote a great poem or something approaching nonsense,' gan ychwanegu, 'and one ought to have accepted the inferior with the first-rate.'[2]

'Wrth gwrs, mae nifer o'i gerddi mwyaf poblogaidd yn weddol syml i'w deall, yn eu plith, 'And death shall have no dominion', a 'The Hunchback in the Park'. Ond, yn achos eraill, os nad ydyn nhw'n ddisynnwyr, wel yn sicr mae'r ystyr yn anodd iawn, iawn i'w ddirnad. Ystyrier, er enghraifft, linellau agoriadol y gerdd 'Altarwise by owl-light', cyfres o saith o sonedau a gyhoeddwyd yn *Twenty-five Poems*:

> Altarwise by owl-light in the halfway-house
> The gentleman lay graveward with his furies;
> Abaddon in the hang-nail cracked from Adam,
> And, from his fork, a dog among the fairies,
> The atlas-eater with a jaw for news,
> Bit out the mandrake with tomorrow's scream.

Faint o ddarllenwyr mewn difrif sydd am ymlafnio i ddeall geiriau agoriadol y gerdd, heb sôn am y 92 o linellau sy'n weddill?

Wrth gwrs, mae nifer o academyddion wedi ceisio gwneud hynny, oherwydd yn un peth, roedd yn fwriad gan Dylan Thomas i'w gerddi i gyd fod yn ddealladwy. Nid yw'n wir dweud, fel y gwnaeth rhai o'i feirniaid a'i elynion (A. J. P. Taylor, gŵr Margaret, er enghraifft), fod y cyfan yn jôc greulon gan dwyllwr a oedd yn cael hwyl am ben ei ddarllenwyr.[3] Ac er bod gan Dylan rywfaint o ddiddordeb mewn swrealaeth, nid oedd ei gerddi'n enghraifft o'r hyn a elwir yn 'ysgrifennu awtomatig' – nid llifeiriant geiriau o'r isymwybod ydyn nhw, ond canlyniad oriau o ymdrech yn gweithio cerdd, un gair ar y tro. Yn 1934, ysgrifennodd y cyngor hwn at Pamela Hansford Johnson: 'You must work at the talent as a sculptor works at stone, chiselling, plotting, rounding, edging & making perfect.'[4]

A dyna'n union wnaeth Dylan – ac yn y cyfnod hwnnw, ei gyfnod mwyaf ffrwythlon fel bardd, treuliai oriau yn ei ystafell gyfyng yn 5 Cwmdonkin Drive yn llenwi ei lyfrau nodiadau â geiriau ac yn cyfansoddi. Ei fan cychwyn oedd y geiriau eu hunain: eu sŵn, eu lliw, eu blas, yn hytrach na rhyw syniad o'r hyn yr oedd am ei ddweud. Ymhyfrydai yn sain geiriau – cofiwn sylwadau Daniel Jones am yr ymadroddion fyddai'n eu diddanu'n fechgyn ysgol – ac felly, er bod i'r cerddi ystyr, mae'r sain yn gwbl greiddiol hefyd, sydd yn gwneud y gwaith o esbonio union ystyr ambell linell hyd yn oed yn anoddach.

Mae un o'r prif awdurdodau ar waith Dylan Thomas, Ralph Maud, wedi cyhoeddi llyfr yn ceisio gwneud hynny, linell wrth linell, drwy gymharu'r cerddi â'r hyn a oedd yn digwydd ym mywyd y bardd ar yr adeg yr oedd yn eu cyfansoddi.[5] Mae'n ymdrech lew. Ond mewn gwirionedd, faint callach ydyn ni ar ddiwedd y broses? A yw hi'n werth ymdrechu i aralleirio barddoniaeth Dylan Thomas fel rhyddiaith? A yw hi'n bosib gwneud hynny?

Un o'r ffyrdd gorau o werthfawrogi crefft Dylan, hyd heddiw, yw gwrando ar y bardd yn darllen ei waith ei hun, ar un o'r nifer o recordiadau sydd ar gael, naill ai ar gyfer y BBC neu ar gyfer y gyfres o recordiau a ryddhawyd gan y label Caedmon yn yr Unol Daleithiau tua diwedd ei oes. Wrth wrando ar ei ddull – theatrig, anghyfarwydd i ni heddiw – mae hud y geiriau, y rhythmau a'r seiniau yn fwy amlwg. Yng ngeiriau ei gyd-Gymro Glyn Jones, un o'r sylwebyddion mwyaf praff ar fywyd a gwaith Dylan:

> For me, the best of Dylan's early poems are pure sensation, they have in fact achieved the condition of music; what I experienced when I first read 'Light breaks where no sun shines' seemed to me an almost identical emotion to that aroused by the high strings in the first movement of *Eine Kleine Nachtmusik* – a sort of transport of ecstasy.[6]

Glyn Jones hefyd piau'r sylw y byddai Dylan wedi gwneud cynganeddwr rhagorol, pe bai wedi ymdrechu i ailafael yn yr iaith a ollyngwyd ar yr aelwyd (fel y gwnaeth Glyn ei hun). Ond a yw'r gynghanedd – a'r traddodiad barddol Cymraeg – yn ddylanwad ar ei waith, ta beth? Bu'n destun trafod ers degawdau.

Ar adegau byddai Dylan ei hun yn ymwrthod â'r honiad yn llwyr, a gyda chryn gyfiawnhad. Ni fedrai ddarllen Cymraeg, ac nid aeth ati, fel y gwnaeth Vernon Watkins er enghraifft – i ddysgu digon er mwyn gallu astudio barddoniaeth Gymraeg. Mewn llythyr at y bardd o Loegr Stephen Spender yn 1952 meddai yn blwmp ac yn blaen, 'I'm not influenced by Welsh bardic poetry. I can't read Welsh.'[7] Roedd Spender wedi awgrymu hynny mewn adolygiad o'r *Collected Poems*, ac nid fe oedd y cyntaf i awgrymu fod yna ddylanwad posib. Yn llawer cynharach yn ei yrfa, roedd dyn o'r enw Henry Treece yn ysgrifennu llyfr am waith Dylan, ac mae'r ohebiaeth rhwng y ddau bryd hynny yn cyffwrdd â'r mater. Yr hyn sy'n ddiddorol am ymateb

Dylan yw ei fod unwaith eto yn gwrthod y dylanwad – 'I've never understood this racial talk, "his Irish talent", "undoubtedly Scotch inspiration" '[8] ond eto mae'n annog Treece i ymchwilio ymhellach i'r mater drwy gysylltu â Keidrych Rhys, golygydd y cylchgrawn *Wales*, a gredai'n gryf fod ei genedligrwydd wedi dylanwadu ar farddoniaeth Dylan. Pan ddeallodd Dylan nad oedd Treece wedi dilyn yr awgrym, gofynnodd i Keidrych Rhys ei hun fynd ati i ysgrifennu at Treece beth bynnag, sy'n dangos unwaith eto fod Dylan mewn gwirionedd yn awyddus iawn i sicrhau bod yna le i drafod y dylanwadau Cymreig a Chymraeg ar ei waith.

Pam gwadu'r dylanwad, felly? Yn un peth roedd yn nodweddiadol ohono i osod trywyddion ffug, a defnyddio ymadrodd Aneirin Talfan Davies. Credai rhai, er enghraifft, fod dylanwad y gynghanedd ar ei waith oherwydd ei fod wedi darllen barddoniaeth Gerard Manley Hopkins, a oedd yn sicr yn ysgrifennu'n drwm o dan ddylanwad y traddodiad Cymraeg. Ond, unwaith eto, byddai ymateb Dylan i'r awgrym yn amrywio. Ar brydiau byddai'n gwadu'n llwyr ei fod hyd yn oed yn gyfarwydd â gwaith Hopkins, ond mae'n sicr nad oedd hynny'n wir.[9]

Ond nid yw nodi'r ffaith foel nad oedd wedi darllen barddoniaeth Gymraeg yn rhoi'r darlun cyflawn chwaith. Mae'n bur debyg ei fod wedi trafod barddoniaeth Gymraeg yn helaeth gyda Vernon Watkins, ac yn sicr fe wnaeth hynny gydag Aneirin Talfan Davies.[10] Roedd yntau yn bendant yn gweld dylanwadau Cymreig a Chymraeg ar Dylan. 'Fe'i doniwyd â gradd helaeth o synnwyr crefft yr hen gywyddwyr Cymreig,' meddai, 'ac nid oedd dim yn well

ganddo wrth ymroi i farddoni na derbyn llyffetheiriau a fyddai wedi
carcharu a mygu awen crefftwr ac awenydd llai.'[11]

Ac roedd un gerdd gynnar ganddo wedi'i seilio, meddai Dylan ei
hun, ar rythmau barddoniaeth Gymraeg. 'I dreamed my genesis' yw
teitl y gerdd, ac ynddi mae Dylan yn defnyddio dull y cynganeddwr
o gyfrif sillafau o fewn y llinell, yn hytrach na'r confensiwn mewn
barddoniaeth Saesneg o gyfrif yr acenion. Dyma'r pennill cyntaf:

> I dreamed my genesis in a sweat of sleep, breaking
> Through the rotating shell, strong
> As motor muscle on the drill, driving
> Through vision and the girdered nerve.
>
> (*Dylan Thomas: Collected Poems 1934–53,*
> gol. Walford Davies a Ralph Maud, t.25)

Dyma batrwm y sillafau: 12, 7, 10, 8 – ac mae'n cadw at y patrwm
hwnnw am saith pennill, hyd at linell olaf y gerdd. Cyhoeddwyd y
gerdd hon yn ei gyfrol gyntaf, *18 Poems*, yn 1934 – cyn iddo gyfarfod
â chyfeillion fel Vernon Watkins ac Aneirin Talfan Davies, sy'n
awgrymu'n gryf fod Dylan wedi cael rhywfaint o'i wybodaeth am
farddoniaeth Gymraeg gartref gan D. J. Thomas. Ac mae'n ddiddorol
nad ceisio efelychu yn unig yr oedd wrth ddefnyddio'r dull o gyfrif
sillafau, ond gosod trywydd newydd ar gyfer barddoniaeth Saesneg.

Defnyddiodd y dull mewn cerdd arall yn ddiweddarach yn ei
yrfa, 'Vision and Prayer'. Yn hanner cyntaf y gerdd, dyma'r patrwm
o gyfrif y sillafau yn y llinellau: 1, 2, 3, 4, 5, 6, 7, 8, 9, 8, 7, 6, 5, 4, 3, 2, 1,
sy'n arwain at chwe phennill o'r siâp yma ar bapur:

Who

Are you

Who is born

In the next room

So loud to my own

That I can hear the womb

Opening and the dark run

Over the ghost and the dropped son

Behind the wall thin as a wren's bone?

In the birth bloody room unknown

To the burn and turn of time

And the heart print of man

Bows no baptism

But dark alone

Blessing on

The wild

Child.

Yn chwe phennill olaf y gerdd, mae'n trawsnewid y patrwm;
dyma'r cyfrif sillafau y tro hwn: 9, 8, 7, 6, 5, 4, 3, 2, 1, 2, 3, 4, 5, 6, 7, 8, 9,
gan greu patrwm cwbl wahanol ar bapur – yn debycach i siâp teclyn ar
gyfer amseru berwi wy.

Dyma enghraifft, felly, o'i hoffter o osod her iddo'i hun: gosod
patrwm cymhleth a gweithio ar ei gerdd nes ei bod yn ffitio. Byddai'n
dweud y dylai'r bardd ddefnyddio'r holl driciau a oedd ar gael ar ei gyfer,
ac fe wnaeth hynny. Roedd ei batrymau odli yn gymhleth; defnyddiai
batrymau penodol o gyflythrennu (unwaith eto o dan ddylanwad y

gynghanedd o bosib), odlau mewnol a hanner odlau. Byddai'n troi enwau'n ferfau ac yn pentyrru ansoddeiriau, cymalau a delweddau, yn defnyddio geiriau mewn ffordd annisgwyl, yn chwarae â'u hystyron, yn gosod ymadroddion cyfarwydd wyneb i waered, ac yn defnyddio geiriau mwys. Darllener cerddi fel 'Fern Hill' i weld enghreifftiau o hyn ar ei orau. Yng ngeiriau'r beirniad John Goodby: 'The appeal of Thomas's work stems, to some degree, from the sense we get when reading it that words are being allowed to express themselves; why not be able to say "once below a time" or "a grief ago"? This is one reason why almost all his work possesses an unmistakeable signature style ... expanding our sense of the possibilities of language itself.'[12]

Yn ei gerddi mae'r iaith Saesneg yn swnio'n anghyfarwydd o ffres, ac roedd hynny'n arbennig o wir ym mhrofiad y darllenwyr a ddaeth ar draws ei waith yn gynnar yn ei yrfa. I rai beirniaid, ei gefndir Cymraeg oedd yn gyfrifol am y dieithrwch yn ei waith. Meddai John Ackerman, dyn a wnaeth gymaint â neb i bwysleisio etifeddiaeth Dylan fel Cymro:

> Undoubtedly, Dylan Thomas's was an original and
> revolutionary approach to the language of poetry, with
> its emphasis on the auditory, sensuous and affective use
> of words, sustained by strong, instinctive rhythms. Those
> features of style that we have been observing in his earliest
> published poems owe little to traditions in English poetry
> in the thirties. Rather do they derive from his Welsh
> background with its living tradition of exuberance in language
> – although allied to a strict delight in the sound and sensuous
> quality of words.[13]

Mae'n debyg fod yna elfen o orbwysleisio'i gefndir yma, a rhaid cofio cymaint yr oedd wedi darllen ar farddoniaeth a llenyddiaeth Saesneg: ni ddylid gwadu'r dylanwadau hynny chwaith. Ond yr oedd ynddo ryw sensitifrwydd arbennig i iaith. Yn 1951, ysgrifennodd myfyriwr ato gyda nifer o gwestiynau, ac ymhen blynyddoedd wedyn cyhoeddwyd ateb hirfaith Dylan. Dyma'i faniffesto barddol, ac ynddo mae'n sôn sut y datblygodd ei gariad at iaith:

> I wanted to write poetry in the beginning because I had fallen
> in love with words. The first poems I knew were nursery
> rhymes, and before I could read them for myself I had come
> to love just the words of them, the words alone. What the
> words stood for, symbolised, or meant, was of very secondary
> importance; what mattered was the *sound* of them as I
> heard them for the first time on the lips of the remote and
> incomprehensible grown-ups who seemed, for some reason,
> to be living in my world. [14]

Yn y darn yma, mae'n mynd ymlaen i enwi rhigymau Saesneg yn benodol: 'Jack & Jill' a 'Mother Goose'. Tybed a ganodd Florence hwiangerddi Cymraeg iddo hefyd? Ac onid yw hi'n bosib gweld yma hefyd effaith cael ei godi mewn awyrgylch dwyieithog, a'r profiad o fethu deall geiriau am nad oedd yn rhugl yn y ddwy iaith a glywai o'i gwmpas?

Er nad oedd Florence a D.J. wedi magu Dylan i siarad Cymraeg, nid oes dwywaith nad oedd yr iaith yn dal i'w chlywed ar yr aelwyd gan aelodau'r teulu. Tystiodd Aeronwy i'r profiad o wrando ar Florence a'i pherthnasau niferus yn parablu yn Gymraeg pan oedd hithau'n blentyn, ac mae'n deg credu mai dyna fyddai profiad Dylan yn blentyn hefyd. Siawns nad oedd hyd yn oed D. J. Thomas yn defnyddio iaith ei blentyndod wrth siarad â'i frawd ei hun, yr enwog Uncle A, a oedd yn ymwelydd â Cwmdonkin Drive, fel y gwelwyd eisoes. Ac mae nifer o straeon Dylan hefyd yn cyfeirio at y profiad o glywed – ond heb fedru deall – y Gymraeg: gan ei gefnder 'Gwilym', er enghraifft, yn y stori 'The Peaches', sy'n seiliedig ar ei ymweliadau â fferm Fernhill ei fodryb ger Llan-gain, a'r cymdogion yn y stori 'A Visit to Grandpa's', stori sydd wedi'i gosod yn Nhre Ioan, Caerfyrddin, lleoliad cartref plentyndod D. J. Thomas. Onid yw'n anochel fod ei ymwybyddiaeth o'r Gymraeg wedi ychwanegu at ei sensitifrwydd at iaith?

Nododd Glyn Jones fod nifer o awduron Saesneg Cymru y cyfnod hwnnw yn rhannu profiad Dylan, sef eu bod yn aelodau o'r genhedlaeth gyntaf i golli'r iaith Gymraeg o fewn y teulu, yn eu plith Gwyn Thomas, Rhys Davies, Alun Lewis ac Idris Davies. Yn Saesneg y magwyd y bardd Cymraeg Pennar Davies, a dyma'i farn ef ar ddylanwad yr iaith ar Dylan: 'I do think that the very fact that Dylan had heard the Welsh language spoken and preached in the old Welsh style, could have given him a feel for the glory of language as such, and I think this may have affected his whole approach to literature.'[15]

Mewn rhai achosion, defnyddiodd Dylan ei wybodaeth o'r iaith Gymraeg yn ei gerddi. Mae'r cofiannydd Andrew Lycett wedi nodi un enghraifft hynod ddiddorol. Mae'r gerdd o dan sylw yn un o'i weithiau mwyaf adnabyddus, sef 'The force that through the green fuse drives the flower' o'i gasgliad cyntaf, ac mae'n cynnwys y llinellau hyn:

And I am dumb to tell a weather's wind
How time has ticked a heaven round the stars.

Yn ei nodiadau ar gyfer y gerdd nododd Dylan y geiriau hyn:
'am/sêr np 339 *round stars*' – cyfeiriad at dudalen 339 o eiriadur
Cymraeg–Saesneg Spurrell o 1925, sy'n rhoi'r cyfieithiad 'sêr np
stars'.[16] Heb amheuaeth, felly, roedd geiriau Cymraeg yn chwarae
yn ei ben wrth iddo gyfansoddi, ac mae'n enghraifft dda o'r ffordd
y byddai myfyrio ar un gair – gair Cymraeg y tro hwn, sef amser –
yn ei arwain at linell neu at ddelwedd wreiddiol a chofiadwy. Oni
bai fod y llyfr nodiadau hwnnw wedi goroesi, a bod rhywun wedi
bod yn ddigon craff i gysylltu'r rhif yna â geiriadur Spurrell – ni
fyddai'r enghraifft fach honno wedi dod i'r golwg. Tybed faint
rhagor o'i ddelweddau a grëwyd trwy feddwl yn ddwyieithog
fel hyn?

Mae geiriau Cymraeg yn ymddangos ar brydiau yn ei ryddiaith,
ond maen nhw'n brinnach yn ei farddoniaeth. Mae'r gerdd 'In the
White Giant's Thigh' yn cyfeirio at y gair tafodieithol am gert neu drol:
'butter fat goosegirls, bounced in a gambo bed', er enghraifft, ac mae
ei ddefnydd o un gair Saesneg penodol yn ei gerdd 'After the funeral
(In memory of Ann Jones)' hefyd yn ddiddorol. Dyma'r gerdd i goffáu
chwaer Florence, o'r enwog Fernhill. Yn y gerdd mae'n cyfeirio at ei
fodryb fel hyn:

> ... dead, humped Ann
> Whose hooded, fountain heart once fell in puddles
> Round the parched worlds of Wales.

Mae ystyr ddwbl i'r gair *parched* gan ei fod, wrth gwrs, yn gyfeiriad at y gair 'parchedig' – cofier hefyd iddo sôn yn *Under Milk Wood* am 'a beer-tent black with parchs'. Yn ddigon nodweddiadol, diystyrwyd pwysigrwydd y dewis hwn o air gan un o'r academyddion mwyaf blaenllaw i ysgrifennu am waith Dylan Thomas, Ralph Maud; meddai, 'Perhaps it exists as a nod and a wink between author and an in-group of readers, but essentially outside the poem.'[17] Ond onid yw unwaith eto yn enghraifft o'r ffordd yr oedd gwybodaeth Dylan o'r iaith Gymraeg – er nad oedd honno'n wybodaeth helaeth – wedi'i arwain at ddelwedd benodol?

Mae'r gerdd 'After the funeral' yn un ddiddorol i'w hystyried yn wyneb magwraeth Dylan yn y traddodiad anghydffurfiol. Ynddi mae'n ymwrthod â'r traddodiadau hynny ac yn mawrygu Ann yn hytrach fel y byddai bardd canoloesol yn ei wneud – ac mae'r defnydd o'r gair *bard* yn y gerdd yn ddifyr, gyda Dylan yn cyfeirio ato'i hun fel 'Ann's bard'. Yn ôl y praffaf o feirniaid, M. Wynn Thomas, sy'n awdurdod ar lenyddiaeth Gymraeg a Saesneg, mae'n gerdd sy'n symbol o'r symudiad o un traddodiad i'r llall, y daith a wnaeth D.J. a Florence Thomas allan o'r byd Cymraeg, anghydffurfiol, capelyddol. Yn y gerdd, meddai, mae Dylan yn rhyddhau Ann o hualau'r cefndir hwn:

> and transforms her into a kind of pagan priestess of nature
> and of love. She becomes his *alter ego*, the counterpart
> of that Rimbaud of Cwmdonkin Drive who was militantly
> bohemian, anti-social, believing only in the sacredness of
> the untamed imagination and in the liberating vindication of
> language. 'After the Funeral' is also a triumphant vindication,

after a fashion, of D. J. Thomas's policy of distancing himself and his family from the inhibitingly conservative 'Welsh' Wales of his own boyhood.[18]

Mae dylanwad ei gefndir crefyddol ar gerddi Dylan Thomas hefyd yn destun dadlau brwd. Nodwyd eisoes sut y gallai Dylan newid ei farn yn ôl ei gynulleidfa; neu, a gosod y peth yn fwy caredig, amrywio'i farn i blesio'i gynulleidfa. Ym marn dau o'i gyfeillion, Vernon Watkins ac Aneirin Talfan Davies, yr oedd Dylan yn fardd crefyddol. Dyma ddau y byddai Dylan yn treulio oriau yn trafod barddoniaeth yn eu cwmni, ac yr oedd y ddau yn Gristnogion o argyhoeddiad. Yn ôl Vernon Watkins, y ffaith fod Dylan fel yntau yn fardd crefyddol sy'n egluro'r berthynas glòs oedd rhyngddynt. Nid oes dim dwywaith nad oedd dylanwad ieithwedd y Beibl yno, ac nid yn unig yr ieithwedd ond ei ddewis o themâu hefyd. Er ei fod yn ei fywyd a'i waith wedi adweithio yn erbyn Piwritaniaeth, meddai Aneirin Talfan Davies, '... bardd crefyddol oedd Dylan Thomas – y mae ei holl farddoniaeth yn tystio i hynny. Yr oedd mewn cariad â bywyd, ac nid yw ei farddoniaeth aeddfetaf ond mynegiant o'i ryfeddod at wyrth bywyd a byw – mawl i Dduw am ei greadigaeth, ac am le'r bardd ei hun yn y greadigaeth ryfedd honno.'[19]

Eto i gyd nododd Dylan yn ei 'Faniffesto Barddol' nad oedd erioed wedi astudio'r Beibl na cheisio efelychu ei iaith; dywedodd ei fod 'as ignorant of it as most brought-up Christians'.[20] Dywedodd ei gyfaill Daniel Jones y byddai Dylan wedi methu'r prawf ysgol Sul mwyaf elfennol ar wybodaeth Feiblaidd.[21] Nid dyn o argyhoeddiad crefyddol yw'r bardd yn ei farn yntau, ond un sy'n dewis ei eirfa yn ofalus er mwyn creu argraff. 'To him, Jericho might just as well have been a person as a place; but the addition of the Jericho ingredient to a poem ... could, he knew, induce a religious impression, in the same way as a mustard sandwich without ham can be imagined to be a ham sandwich with mustard.'[22] Yn y pen draw bydd y rheiny sydd am weld Dylan Thomas fel bardd crefyddol yn gallu dod o hyd i ddigon o enghreifftiau yn ei waith i ddadlau eu hachos, ond bardd yn moli'r byd oedd yn fwy na dim, fel y dywedodd yn ei nodyn ar ddechrau'r *Collected Poems*. Efallai iddo fynegi'r teimlad orau yn y frawddeg yma a ddyfynnir gan John Malcolm Brinnin: 'he said that his aim was to produce "poems in praise of God's world by a man who doesn't believe in God".'[23] Ac mae hynny'n gystal disgrifiad â dim i egluro beth a wnâi Dylan Thomas yn ei farddoniaeth.

1   Dylan Thomas, *Collected Poems 1934–52* (adarg., J. M. Dent, 1967), t.vii

2   Dyfynnir yn Constantine FitzGibbon, *The Life of Dylan Thomas* (arg. newydd, J. M. Dent, 1975), t.105

3   Gw. A. J. P. Taylor, *A Personal History* (Hamish Hamilton, 1983), tt.168–9

4   Paul Ferris (gol.), *Dylan Thomas: The Collected Letters* (J. M. Dent, 1985), t.114

5   Ralph Maud, *Where Have the Old Words Got Me? Explications of Dylan Thomas's Collected Poems* (Gwasg Prifysgol Cymru, 2003)

6   Glyn Jones, *The Dragon Has Two Tongues* (J. M. Dent, 1968), t.184

7   Gw. Paul Ferris (gol.), *Dylan Thomas: The Collected Letters*, t.855

8   Gw. Paul Ferris (gol.), *Dylan Thomas: The Collected Letters*, t.301

9   Gw. Aneirin Talfan Davies, *Gyda Gwawr y Bore* (Llyfrau'r Dryw, 1970), t.23

10 Gw. Paul Ferris, *Dylan Thomas: The Biography* (arg. newydd, Y Lolfa, 2006), t.117

11 Aneirin Talfan Davies, op. cit., t.13

12 John Goodby, *The Poetry of Dylan Thomas: Under the Spelling Wall*, (Liverpool University Press, 2013), t.121

13 John Ackerman, Welsh Dylan (Granada, 1979), t.42

14 Dyfynnir yn Constantine FitzGibbon, *The Life of Dylan Thomas*, t.367
    Gw. David N. Thomas (gol.), *Dylan Remembered: Volume Two 1935–1953* (Seren, 2004), t.55

15 Gw. David N. Thomas (gol.), *Dylan Remembered: Volume Two 1935–1953* (Seren, 2004), t.55

16 Andrew Lycett, *Dylan Thomas: A New Life* (arg. clawr papur, Phoenix: 2004), t.95

17 Ralph Maud, *Where Have the Old Words Got Me? Explications of Dylan Thomas's Collected Poems*, t.8

18 M. Wynn Thomas, *Internal Difference: Twentieth-century Writing in Wales* (Gwasg Prifysgol Cymru, 1992), t.33

19 Aneirin Talfan Davies, *Gyda Gwawr y Bore*, t.16

20 Dyfynnir yn Constantine FitzGibbon, *The Life of Dylan Thomas Fitzgibbon*, t.370

21 Daniel Jones, *My Friend Dylan Thomas*, t.57

22 Daniel Jones, *My Friend Dylan Thomas*, t.57

23 John Malcolm Brinnin, *Dylan Thomas in America* (ail arg., J. M. Dent, 1957), t.97

Rhyddiaith

Y Bardd Dylan Thomas. Daeth bron â bod yn deitl swyddogol arno. Ond disgrifiodd ei hun reit ar ddechrau ei yrfa fel 'a writer of poems and stories',[1] a byddai'n deg dweud fod llawer o'r rheiny sydd wedi gwirioni ar ei waith yn cael cymaint, os nad mwy, o bleser o'i ryddiaith. Droeon fe glywch chi bobl yn cydnabod fod cryn dipyn o'i farddoniaeth yn rhy gymhleth iddyn nhw – ond eu bod wrth eu bodd â'i straeon, ac *Under Milk Wood* wrth gwrs. Mae'r gwaith hwnnw, a'i stori enwocaf, 'A Child's Christmas in Wales', wedi parhau'n rhyfeddol o boblogaidd, diolch yn rhannol i rôl y cyfryngau torfol, y radio a'r teledu yn enwedig. Dangoswyd fersiynau animeiddiedig o *Dan y Wenallt* a *Nadolig Plentyn yng Nghymru* ar S4C. Cafwyd nifer o gynyrchiadau llwyfan nid yn unig o *Under Milk Wood*, ond hefyd o'r cyfieithiad Cymraeg gan T. James Jones, *Dan y Wenallt*. Addaswyd nifer o'i straeon byrion ar gyfer y theatr hefyd, a chyhoeddwyd 'A Child's Christmas in Wales' mewn fersiwn i blant gyda darluniau bendigedig yr artist Edward Ardizzone yn 1978, yn y Saesneg gwreiddiol ac mewn cyfieithiad gan Bryan Martin Davies. Maen nhw'n parhau mewn print hyd heddiw.

Aeth barddoniaeth Dylan Thomas y bardd i mewn ac allan o ffasiwn o safbwynt yr ymateb beirniadol,[2] ond bu tuedd tan yn ddiweddar iawn gan feirniad llenyddol i ddiystyru'r rhyddiaith. Mor ddiweddar â 2005 dywedodd Peter Davies mewn canllaw i fyfyrwyr ar waith Dylan Thomas nad oedd *Under Milk Wood* yn llenyddiaeth oherwydd na ellid ei chymharu ag *Ulysses* James Joyce. Meddai, '*Under Milk Wood* is superb entertainment of its kind, but it simply does not live in this sphere, nor for that matter in the rich oxygen of Thomas's finest poetry.'[3] Ac er ei fod yn cydnabod crefft Dylan, mae'n amlwg fod Cymreictod y darn yn achosi problem i'r beirniad yma. Wrth nodi fod yna rywbeth hudol am gerdd Eli Jenkins, sydd, wrth gwrs, yn barodi ar farddoniaeth leol y bardd bregethwr, mae ei ymateb i'r rhestr afonydd sydd ganddo yn y gerdd: 'Claerwen, Cleddau, Dulais, Daw, / Ely, Gwili, Ogwr, Nedd' ac yn y blaen yn dweud cyfrolau: 'We are expecting a modest dissent from comparison with Britain's most celebrated streams. Instead, Thomas gives us a catalogue of the largely unknown and unpronounceable. It is on one level totally absurd. And yet, by some miracle, it does not elicit the expected sneer from us.'[4]

'Unknown, unpronounceable, absurd' – dyna ymateb nodweddiadol rhai beirniad i elfennau sy'n rhy Gymreig neu Gymraeg at eu dant nhw. (Cofier am sylw Ralph Maud am y gair 'parched' yn y gerdd 'After the funeral'). Mae Peter Davies hefyd yn cymharu themâu *Under Milk Wood* – 'regional and local' – yn anffafriol â themâu 'universal' y farddoniaeth. Na, nid yw straeon comig am anturiaethau pobl gyffredin de Cymru wedi'u hystyried mor bwysig â barddoniaeth sy'n athronyddu'n feddylgar am byncïau mawr bywyd.

Ar y llaw arall, nid oedd rhyddiaith Dylan Thomas at ddant pawb yng Nghymru chwaith. Roedd y cyfeiriadau at ryw, yn *Under Milk Wood* yn arbennig, yn anweddus i rai yn y Gymru anghydffurfiol. Mae'r frawddeg isod gan J. Oliver Stephens, cyfaill i Florence Thomas a'i theulu, yn dweud cyfrolau hefyd: 'Fe gynnwys ei ryddiaith rai pethau nad ŷnt, efallai, o'r chwaeth orau ond y mae ei farddoniaeth oll yn syber a difrifddwys.'[5] Syber a difrifddwys – na, ni ellir dweud hynny am y straeon byrion.

Mae straeon cynharaf Dylan Thomas yn deillio o ddyddiau Cwmdonkin Drive, ac maen nhw'n perthyn yn agos iawn i farddoniaeth y cyfnod. Cyhoeddwyd rhai mewn cylchgronau llenyddol, ac eraill yn y gyfrol *The Map of Love* yn 1939. Cyhoeddwyd casgliad mwy cyflawn o'i ryddiaith ddeng mlynedd ar hugain wedi ei farwolaeth, sef *Collected Stories* yn 1983, sy'n cynnwys nifer o'r straeon cynnar hyn. Os ydy peth o'r farddoniaeth gynnar yn astrus, felly hefyd rai o'r straeon cynnar hyn, sy'n wan o ran naratif a heb fawr o'r ddeialog lachar sydd mor ganolog i'r straeon diweddarach ac *Under Milk Wood*. Mae nifer fawr ohonyn nhw wedi'u gosod mewn cwm dychmygol yng Nghymru o'r enw Jarvis Valley, ac maen nhw'n enghreifftiau o obsesiynau Dylan ar y pryd: rhyw a marwolaeth yn arbennig. Y byd mewnol ac nid y gymdeithas o'i gwmpas yw sail y straeon hyn. Maen nhw'n cynnwys rhai pethau diddorol – mae Llareggub yn ymddangos am y tro cyntaf yn y stori 'The Burning Baby', gwaith a ysbrydolwyd o glywed Caradoc Evans yn adrodd hanes William Price o Bontypridd a'r achos enwog ohono'n amlosgi corff ei fab, Iesu Grist, yn 1884 – achos a arweiniodd at gyfreithloni amlosgi am y tro cyntaf. Ond, ar y cyfan, mae'r straeon hyn yn anodd eu darllen, ac o ddiddordeb academaidd yn bennaf, yn enwedig i'r rheiny sydd am archwilio rhai o'r themâu sy'n ymddangos yn ei farddoniaeth hefyd.

Gwaith dyn ifanc yn dysgu ei grefft yw'r straeon cynnar. Byddai Dylan yn cael hyd i'w lais yn y gyfrol *Portrait of the Artist as a Young Dog*, a gyhoeddwyd yn 1940. Dyma, medd Vernon Watkins, y tro cyntaf i'r darllenwyr weld yn ei waith yr hyn a welai ei gyfeillion yn ei gwmni: 'the rich comedy and evocative brilliance of his conversation'.[6] Mae'r gyfrol yn haeddu cael ei chyfrif ochr yn ochr ag *Un Nos Ola Leuad* fel un o gampweithiau rhyddiaith Cymru yn yr ugeinfed ganrif. Nid yw'r straeon mor dywyll â'r llyfr hwnnw, ac er bod tlodi yn codi ei ben yn y llyfr, nid oedd yn rhan fawr o fagwraeth Dylan yn Cwmdonkin Drive fel ag yr oedd i Caradog Prichard ym Methesda ddeng mlynedd ynghynt. Ond mae gan y ddau lyfr gryn dipyn yn gyffredin: maen nhw'n straeon hunangofiannol sy'n cynnig golwg ar fyd oedolion trwy lygaid sylwgar bachgen ifanc ar ei brifiant, ac mae gan y naill awdur a'r llall ddawn arbennig i ysgrifennu deialog. Deg stori sydd yng ngyfrol Dylan, rhai'n seiliedig ar ymweliadau plentyndod â pherthnasau sir Gaerfyrddin – 'The Peaches' a 'A Visit to Grandpa's', ac eraill yn seiliedig ar fagwraeth Dylan yn Abertawe.

Mae'n anodd gwybod faint sy'n ffaith a faint sy'n ffuglen – a pha wahaniaeth, hwyrach, ond yn sicr mae stori fel 'The Fight', sy'n disgrifio cyfarfyddiad cyntaf Dylan â Daniel Jones, yn cynnwys llawer iawn sy'n ffeithiol gywir. Ond nid profiad personol go iawn yw sail 'A Visit to Grandpa's', stori yn y person cyntaf am fachgen ifanc yn aros gyda'i dad-cu ger Caerfyrddin. 'Dai Thomas' yw enw'r tad-cu yn y stori; mewn gwirionedd Evan oedd enw tad-cu Dylan (brawd Gwilym Marles) a bu farw cyn i Dylan gael ei eni, ac felly mae'n debyg fod y stori hon yn seiliedig ar gymysgedd o atgofion teuluol. Ynddi mae'r bachgen a'i dad-cu yn mynd ar ymweliad i Lansteffan, ac mae gweld y cerrig beddau yn y fynwent yn cael effaith ar yr hen ŵr. Y diwrnod canlynol mae'r bachgen yn darganfod fod ei dad-cu ar goll, ac mae'n rhaid iddo droi at y cymdogion am gymorth i ddod o hyd iddo:

> Griff, the barber, lived in the next cottage. I called to him through the open door: 'Mr Griff, have you seen my grandpa?' The barber came out in his shirtsleeves.
>
> I said: 'He's wearing his best waistcoat.' I did not know if it was important, but grandpa wore his waistcoat only in the night.
>
> 'Has grandpa been to Llanstephan?' asked Mr Griff anxiously.
>
> 'He went there yesterday in a little trap,' I said.
>
> (*Dylan Thomas: Collected Stories*, gol. Walford Davies, t.146)

Yn y diwedd maen nhw'n dod o hyd i'r tad-cu ar bont Caerfyrddin. Mae diweddglo'r stori yn hyfryd:

> Grandpa said: 'I am going to Llangadock to be buried.' And he watched the coracle shells slip into the water lightly, and the gulls complain over the fish-filled water bitterly as Mr Price complained:
>
> 'But you aren't dead yet, Dai Thomas.'
>
> For a moment grandpa reflected, then: 'There's no sense in lying dead in Llanstephan,' he said. 'The ground is comfy in

Llangadock; you can twitch your legs without putting them in
the sea.'

His neighbours moved close to him. They said: 'You
aren't dead, Mr Thomas.'

'How can you be buried, then?'

'Nobody's going to bury you in Llanstephan.'

'Come on home, Mr Thomas.'

'There's strong beer for tea.'

'And cake.'

But grandpa stood firmly on the bridge, and clutched his
bag to his side, and stared at the flowing river and the sky, like
a prophet who has no doubt.

(*Dylan Thomas: Collected Stories*, gol. Walford Davies, t.148)

Cyhoeddodd Caedmon Records recordiad o Dylan Thomas
yn darllen y stori hon, ac fel yn achos ei farddoniaeth, mae clywed
awdur y geiriau yn eu llefaru yn cyfoethogi'r profiad yn fawr, ac mae'r
Cymreictod a sgwriwyd o'i acen gan y gwersi ynganu yn cael brigo i'r
wyneb am unwaith.

Yn ei farddoniaeth mae Dylan Thomas yn eiriog, yn oreiriog ym
marn rhai, tra mae eraill yn gweld mai dyna'i ogoniant. Yn ei lyfr *The
Poetry of Dylan Thomas: Under the Spelling Wall*, mae John Goodby yn
nodi sylw gan y bardd Richard Caddel am y farddoniaeth: 'of course
it's overblown, that's the point innit? Memories of my counterpoint
tutor who said, Well Rich, I'm an organist, and I just like a bloody
big noise all around me.'[7] Ond, yn ei ryddiaith, mae'n gwybod sut i
ddefnyddio'r *pianissimo* yn ogystal â'r *forte*. Yn y stori 'Old Garbo'

rydym yn cwrdd â Dylan y dyn papur newydd ifanc, ar noson feddwol fawr o amgylch y ddinas. Y bore wedyn, nid oes syndod ei fod yn dioddef. Ond pwy feddyliai y byddai'r yfwr enwog Dylan Thomas yn gallu ysgrifennu mor gynnil effeithiol am y penmaen-mawr?

> Knowing that I would never drink again, I lay in bed until midday dinner and remembered the unsteady shapes and far-off voices of the ten o' clock town. I read the newspapers. All news was bad that morning, but an article called 'Our Lord was a Flower-lover' moved me to tears of bewilderment and contrition. I excused myself from the Sunday joint and three vegetables.
>
> (*Dylan Thomas: Collected Stories*, gol. Walford Davies, t.222)

Glanrhyd, 5 Cwmdonkin Drive, yw lleoliad y stori 'Patricia, Edith, and Arnold', yn ogystal â'r olygfa uchod. Fel arfer, mae sylwebyddion yn pwysleisio arwyddocâd dwy ystafell yn y tŷ hwnnw – stydi D.J., yr ystafell ganol, lle dysgodd Dylan am farddoniaeth, a'i ystafell wely fechan ef drws nesaf i'r boeler, lle cafodd ei gerddi cynnar eu cyfansoddi. Ond mae'r stori hon yn ein tywys ni allan o'r ystafelloedd hynny, ac i'r sffêr fenywaidd. Morwyn y teulu yw Patricia, ac mae'r stori'n agor wrth iddi olchi a sychu dillad yng nghefn y tŷ. Mae'n dechrau sgwrsio dros y wal gydag Edith, sy'n gweithio yn y tŷ drws nesaf, ac mae'r merched yn sylweddoli fod yr un bachgen – Arnold – yn gariad i'r ddwy ohonyn nhw. Mae'r bachgen bach – sef Dylan wrth gwrs – yno hefyd ac yn gwmni i'r ddwy ferch wrth iddyn nhw benderfynu wynebu Arnold gyda'i gilydd ym Mharc Cwmdoncyn. 'He notices everything,' mae Patricia'n sibrwd wrth Edith am y crwt, ac mae'n gwbl wir: mae'r bachgen yn dynwared ac yn ailadrodd rhai o'r geiriau a'r ymadroddion a glywsai gan y ddwy forwyn, ac yn eu gwyrdroi hefyd. Dywed am ei fam: 'She's gone on a randy with Mr Robert. Randy, sandy, bandy!' gan gamddyfynnu sgwrs gynharach rhwng y ddwy forwyn.

Os yw gwreiddiau Dylan y bardd i'w holrhain i'w ddyddiau yn gwrando ar hwiangerddi, wel, gellir dadlau fod gwreiddiau Dylan yr awdur rhyddiaith i'w canfod yn y stori hon, wrth i'r plentyn wrando ar ffordd yr oedolion o siarad â'i gilydd, a nodi'r digwyddiadau oedd yn gonsýrn iddyn nhw. Nid straeon am ddigwyddiadau mawr, dramatig sydd yn ei ryddiaith fwy diweddar; yn wir, yn achos *Under Milk Wood*, nid oes fawr yn digwydd o gwbl. Mae straeon eraill *Portrait of the Artist as a Young Dog* hefyd yn troi o gwmpas digwyddiadau digon cyffredin, pethau dibwys yng ngolwg rhai efallai, ond sy'n bwysig i'r cymeriadau. Yn y stori adnabyddus 'The Peaches' mae modryb Dylan, Annie, o Fernhill wrth gwrs, yn cael ei siomi gan ymwelydd snobyddllyd, Mrs Williams. Mae Annie am wneud argraff ffafriol arni, ac yn barod i agor tun o eirin gwlanog yn arbennig ar gyfer yr achlysur – tun roedd hi wedi'i gadw yn y cwpwrdd ar gyfer achlysur arbennig. Ond mae Mrs Williams – sy'n tynnu'r llwch oddi ar ei sêt gyda macyn cyn eistedd i lawr – yn eu gwrthod. Wedi iddi fynd, y gŵr, Uncle Jim, sy'n lleisio ymateb ei wraig:

> 'I'll give her peaches! Peaches, peaches! Who does she think she is? Aren't peaches good enough for her? To hell with her bloody motor car and her bloody son! Making us small.'
>
> (*Dylan Thomas: Collected Stories*, gol. Walford Davies, t.41)

Mae Dylan Thomas yn ysgrifennu am ei bobl ei hun, yn adnabod eu ffordd o siarad a'r pethau sy'n bwysig iddyn nhw. Ac, yn wahanol i Caradoc Evans, ysbrydoliaeth rhai o'i straeon cynharaf, nid lladd ar ei gymdeithas yw'r bwriad – cymhariaeth a wnaed gan Aneirin Talfan Davies: 'Piwritan oedd Caradog [*sic*] Evans – proffwyd yn taranu *yn erbyn* ei bobl, a sawr tân a brwmstan yn ei eiriau, ac wrth ei ddarllen y mae dyn yn cael yr argraff nad da ganddo'r greadigaeth. Offeiriad *yn siarad dros* ei bobl oedd Dylan.[8]

Ni chyhoeddodd Dylan gyfrol arall o ryddiaith yn ystod ei oes, er iddo ysgrifennu rhai straeon unigol, ac wedi ei farwolaeth y cyhoeddwyd rhan o'i nofel anorffenedig, *Adventures in the Skin Trade*, stori led hunangofiannol arall am ddyn ifanc yn symud o Abertawe i Lundain. Daw'r stori i stop yn fuan wedi iddo gyrraedd Llundain, ac mae'n sicr fod Dylan yn fwy cyfforddus yn ysgrifennu am ei blentyndod nag am ei anturiaethau fel oedolyn.

Aeth yn ôl at rai o'r themâu hyn yn nifer o'i ddarllediadau radio, gan gynnwys y ddau ddarn oedd yn sail i 'A Child's Christmas in Wales', a gyhoeddwyd yn ei fersiwn terfynol yn y cylchgrawn *Harper's Bazaar* yn yr Unol Daleithiau yn 1950. Mae'n perthyn yn agos, wrth reswm, i ddarn o'r enw *Reminiscences of Childhood* a ddarlledwyd yn 1945, ac sy'n agor â'r frawddeg: 'I like very much people telling me about their childhood, but they'll have to be quick or else I'll be telling them about mine.'

Oedd, roedd edrych yn ôl ar ei blentyndod yn thema gyson iawn yn ei waith. Dyna wnaeth hefyd yn *Return Journey*, a ddarlledwyd gyntaf ar y radio yn 1947, wedi'i gynhyrchu gan Philip Burton o

Bort Talbot, mentor yr actor ifanc Richard Jenkins. Mae'r darn yn ymateb yn uniongyrchol i effaith bomiau'r Ail Ryfel Byd ar Abertawe, gyda Dylan yn dychwelyd i dref ei febyd i chwilio amdano ef ei hun yn ddyn ifanc. Yn naturiol, mae'n dechrau drwy chwilio yn y dafarn. Unwaith eto, mae'n werth dyfynnu i ddangos mor grefftus yw'r ddeialog ac i ddarllen y disgrifiad o'r Dylan ifanc. Dylan ei hun oedd yn chwarae rhan yr adroddwr wrth gwrs:

> BARMAID: Seen the film at the Elysium, Mr Griffiths, there's snow isn't it, did you come up on your bicycle, our pipes burst Monday.
> NARRATOR: Pint of bitter, please.
> BARMAID: Proper little lake in the kitchen, got to wear your Wellingtons when you boil an egg, one and four please ...
> CUSTOMER: The cold gets me just by here.
> BARMAID: ... and eightpence change that's your liver Mr Griffiths, you've been on the cocoa again.
> NARRATOR: I wonder whether you remember a friend of mine? He always used to come to this bar, some years ago. Every morning, about this time.
> CUSTOMER: Just by here it gets me. I don't know what'd happen if I didn't wear a band.
> BARMAID: What's his name?
> NARRATOR: Young Thomas.
> BARMAID: Lots of Thomases come here, it's a kind of home from home for Thomases isn't it, Mr Griffiths, what's he look like?

NARRATOR (*slowly*): He'd be about seventeen or eighteen ...

BARMAID: I was seventeen once.

NARRATOR: ... and about medium height. Above medium height for Wales, I mean, he's five foot six and a half. Thick blubber lips; snub nose; curly mousebrown hair; one front tooth broken after playing a game called Cats and Dogs in the Mermaid, Mumbles; speaks rather fancy; truculent; plausible; a bit of a shower-off; plus-fours and no breakfast, you know; used to have poems printed in the *Herald of Wales*; there was one about an open-air performance of *Electra* in Mrs Bertie Perkins's garden in Sketty; lived up the Uplands; a bombastic adolescent provincial bohemian with a thick-knotted artist's tie made out of his sister's scarf, she never knew where it had gone, and a cricket-shirt dyed bottle-green; a gabbing, ambitious, mock-tough, pretentious young man; and mole-y too.

BARMAID: There's words, what d'you want to find *him* for, I wouldn't touch him with a barge-pole, would you, Mr Griffiths? Mind, you never can tell. I remember a man came here with a monkey. Called for 'alf for himself and a pint for the monkey. And he wasn't Italian at all. Spoke Welsh like a preacher.

(*Dylan Thomas: The Broadcasts*, gol. Ralph Maud, tt.180–1)

Yn nes ymlaen yn y darn, mae Dylan yn cyfarfod â gweinidog, sydd yn siarad Cymraeg ac yn gofyn iddo, 'Ydych chi wedi colli rhywbeth – dan yr eira?' Mae'r gweinidog yn cofio'r Dylan ifanc yn darllen barddoniaeth Ezra Pound iddo: 'Tried to shock me he did, but I was not shocked.' Ond ar ôl crwydro allan o'r dre, ar hyd y traeth ac i fyny'r bryn i Gwmdoncyn, mae'r darn yn dod i ben gyda cheidwad y parc yn cyhoeddi fod y dyn ifanc yr oedd yr adroddwr yn chwilio amdano wedi marw: cydnabyddiaeth fod y byd hwn a fodolai cyn y rhyfel wedi diflannu am byth.

Un o frawddegau enwocaf 'A Child's Christmas in Wales' yw 'There are always Uncles at Christmas' – ac mae'r ewythrod a'r modrybedd yn ymddangos yn gyson yn straeon Dylan Thomas. Yn y darn 'Holiday Memory', a ddarlledwyd gan y BBC yng Nghymru yn 1946, maen nhw i'w clywed wrth baratoi ar gyfer diwrnod ar y traeth ar Ŵyl y Banc mis Awst, ac unwaith eto, daw'r cyfan yn fyw drwy gyfrwng deialog:

> 'Uncle Owen says he can't find the bottle-opener ...'
> 'Has he looked under the hallstand?'
> 'Willy's cut his finger ...'
> 'Got your spade?'
> 'If somebody doesn't kill that dog ...'
> 'Uncle Owen says why should the bottle-opener be under the hall-stand?'
> 'Never again, never again ...'
> 'I know I put the pepper somewhere ...'
> 'Willy's bleeding ...'
> 'Look, there's a bootlace in my bucket ...'
> 'Oh, come on, come on ...'
> 'Let's have a look at the bootlace in your bucket ...'

'If I lay my hands on that dog ...'

'Uncle Owen's found the bottle-opener ...'

'Willy's bleeding over the cheese ...'

(*Dylan Thomas: Collected Stories*, gol. Walford Davies, t.313–14)

Unwaith eto, mae'n stori sy'n llawn ymadroddion cofiadwy, gan gynnwys y disgrifiad o hen ddynion mewn ffair, 'smelling like Milford Haven in the rain'.

Daw ewythr yn seren stori arall hefyd, stori sydd â'r teitl 'A Story'. Y tro hwn, mae'r bachgen – Dylan eto – yn gorfod mynd ar drip blynyddol ei ewythr a'i gyfeillion yn y siarabáng. Mae hwn yn gampwaith o hiwmor Cymreig, gyda chymaint yn cael ei ddweud am y cymeriadau mewn byr eiriau: yma, mae'r ewythr yn rhestru pwy sy'n dod ar y trip:

'Enoch Davies. Aye, he's good with his fists. You never know. Little Gerwain. Very melodious bass. Mr Cadwalladwr. That's right. He can tell opening time better than my watch. Mr Weazley. Of course. He's been to Paris. Pity he suffers so much in the charabanc. Stopped us nine times last year between the Beehive and the Red Dragon. Noah Bowen, ah, very peaceable. He's got a tongue like a turtle-dove. Never an argument with Noah Bowen. Jenkins Loughor. Keep him off economics. It cost us a plate-glass window. And ten pints for the Sergeant. Mr Jervis. Very tidy.'

'He tried to put a pig in the charra,' Will Sentry said.

'Live and let live,' said my uncle.

(*Dylan Thomas: Collected Stories*, gol. Walford Davies, t.349)

Mynd i Borthcawl yw bwriad y cwmni, ond mae'n rhaid galw mewn tŷ tafarn ar y ffordd wrth gwrs. Mae'r bachgen yn cael ei siarsio i aros y tu allan i gadw golwg ar y siarabáng, ond ar ôl diflasu mae'n crwydro i mewn i'r dafarn, a dyma'r olygfa sy'n ei wynebu:

> I could hardly recognize the members of the outing. They had all changed colour. Beetroot, rhubarb, and puce, they hollered and rollicked in that dark damp hole like enormous ancient bad boys, and my uncle surged in the middle, all red whiskers and bellies. On the floor was broken glass and Mr Weazley.
>
> (*Dylan Thomas: Collected Stories*, gol. Walford Davies, t.352)

O dafarn i dafarn mae'r criw'n mynd ymlaen ar eu taith, gan gynnwys sesiwn brynhawn yn y Druid's Tap, a ddylai fod ar gau wrth gwrs. Ond pan mae'r plisman sy'n eu darganfod yn clywed o ble y daw'r criw, mae'n dweud fod ganddo fodryb sy'n byw yno, ac yn ymuno yn yr hwyl a'r canu. Nid yw'n syndod deall nad yw'r criw yn cyrraedd Porthcawl. Hon oedd stori olaf Dylan Thomas, ac fe'i hysgrifennwyd i'w darllen ar y teledu yn 1953, ar un o ddau ymddangosiad Dylan ar y cyfrwng hwnnw. Mae'n debyg na wyliodd Dylan deledu erioed, ac roedd ei ddealltwriaeth ohono, felly, yn naturiol yn brin, ond gyda'i ddawn ysgrifennu deialog a chomedi, mae'n debyg iawn y byddai wedi cael gyrfa lewyrchus ym myd sgriptio teledu pe bai wedi byw yn hirach. Yn sicr, mae'r stori hon yn rhagflaenydd i'r math o hiwmor fyddai'n boblogaidd ar y cyfryngau torfol yng Nghymru yn ail hanner y ganrif, ym mherfformiadau Ryan a Ronnie, Max Boyce, ac yn y ffilm *Grand Slam*, er enghraifft.

Ond y radio oedd y cyfrwng naturiol ar gyfer ei straeon, a phenllanw ei yrfa mewn sawl ystyr oedd ysgrifennu *Under Milk Wood*, drama ar gyfer lleisiau yn hytrach na'r radio'n benodol – ond, wrth gwrs, cafodd ei phoblogeiddio gan gynyrchiadau radio ar hyd y blynyddoedd. Gwnaed tri gan y BBC, yn 1954, 1963 a 2003, pob un yn defnyddio llais Richard Burton fel adroddwr. Rhyddhawyd cynhyrchiad arall ar record yn yr wythdegau, dan ofal George Martin, cynhyrchydd y Beatles, gyda chast yn cynnwys enwau sy'n adnabyddus yn rhyngwladol fel Anthony Hopkins, Jonathan Pryce, a Syr Geraint Evans, a rhai o wynebau cyfarwydd S4C ar y pryd, fel Harriet Lewis ac Ifan Gruffydd. Bonnie Tyler yw Polly Garter, yn perfformio cerddoriaeth gan Elton John, ac mae Tom Jones yn ddewis rhagorol i ganu cân Mr Waldo, 'Come and sweep my chimbley'. Alan Bennett yw llais y 'Guide Book', a Rachel Thomas – a ymddangosodd yng nghynhyrchiad cyntaf y BBC yn 1954 – yw Mary Ann Sailors. Mae'r ddrama hefyd wedi ysbrydoli artistiaid gweledol, fel Peter Blake, a cherddorion *jazz* fel Stan Tracey; perfformiwyd y gwaith fel *ballet*, ac yn 2014 mae fersiwn opera yn teithio Cymru. Yn 2009, cafodd y cyfieithiad *Dan y Wenallt* ei berfformio'n llwyddiannus iawn ar gerdd dant gan Gymdeithas Cerdd Dant Cymru. Ac er bod y gwaith yma'n ymddangos mor hynod Gymreig, mae wedi'i gyfieithu i dros hanner cant o ieithoedd, a gall pobl Sweden, er enghraifft, fwynhau anturiaethau Organisten Morgan, Strunten Boyo, Dai Skalk a'i wragedd Fru Dai Skalk Ett a Fru Dai Skalk Två.

Yng Nghymru mae cryn dipyn o'r drafodaeth ar y ddrama wedi troi o gwmpas ei hysbrydoliaeth. Ai drama am Geinewydd ydyw, neu am Dalacharn? Gellid dadlau dros Geinewydd ar sail ddaearyddol, yn un peth: nid yw Talacharn ar lan y môr, ond ar lan aber, a bod yn bedantig. A chafodd golygfa agoriadol *Under Milk Wood* a nifer o'r cymeriadau eu defnyddio gan Dylan Thomas rai blynyddoedd ynghynt mewn darn radio o'r enw *Quite Early One Morning* a oedd yn ddisgrifiad o gartref Dylan Thomas ar y pryd, sef Ceinewydd. Ond na, meddai eraill, mae hon yn ddrama am Dalacharn; yn wir, dywedodd Dylan fwy nag unwaith ei fod yn ysgrifennu drama am ei gartref pan oedd yn gweithio ar *Under Milk Wood*.

Y gwir yw, wrth gwrs, ei bod yn seiliedig ar brofiadau Dylan, nid dim ond yng Ngheinewydd ac yn Nhalacharn, ond yn Abertawe a sir Gaerfyrddin hefyd. Doedd dim rhaid crwydro ymhell i ddod o hyd i rywun fyddai'n poeni fel mam Waldo, 'Oh, what'll the neighbours say, what'll the neighbours ...' Byddai Florence Thomas gyda'r gorau am boeni am hyn, ac yn ôl ei ffrind Vera Killick, felly hefyd Dylan, a oedd am i bobl feddwl y gorau ohono er gwaetha'i ymddygiad gwael ar brydiau.[9] Er mor ddiddorol yw cymharu enwau llefydd yn y ddrama ag enwau ffermydd yng Ngheredigion neu o gwmpas aber afon Taf, mae ceisio lleoli'r cyfan yn dwt mewn un lle yn gwneud cam â chrefft Dylan. Nid eistedd yn Brown's yn Nhalacharn neu yn y Black Lion yng Ngheinewydd yn cofnodi hanesion y trigolion air am air a wnaeth, er ei fod yn sicr wedi treulio cryn amser yn y naill le a'r llall yn clywed yr hanesion hynny, ond creu darn o lenyddiaeth. Pentref dychmygol yw Llareggub.

Mewn erthygl hynod ddiddorol, 'O'r Pentre Gwyn i Llaregyb' [defnyddiwyd y sillafiad hwnnw mewn fersiynau print cynnar er mwyn ceisio cuddio'r jôc ysgrifennu-am-yn-ôl], mae Hywel Teifi Edwards yn ystyried lle'r pentref dychmygol hwnnw ochr yn ochr â'r ddelfryd o'r pentref Cymraeg diwylliedig sy'n rhan o fytholeg y Gymru Gymraeg a'i llenyddiaeth. Dyma sydd ganddo i'w ddweud:

> Yr hyn sy'n drist o safbwynt llenyddiaeth Gymraeg yw na chododd neb i 'greu' pentref credadwy ar sail y cydymdeimlad artistig sy'n barod i edrych â dwy lygad agored ar dda a drwg y ddynoliaeth a bwrw coelbren gyda'i hamherffeithrwydd. Bu'n rhaid aros i Gymro di-Gymraeg i gyflawni'r gamp honno mor ddiweddar â gaeaf 1953–4 tra daliodd y Cymry Cymraeg ati i atgofioni'n fawr eu sêl am yr hen le yn y wlad a'r hen bobl ddi-fai. [10]

Yma mae Hywel Teifi Edwards wedi rhoi ei fys ar ran o ogoniant *Under Milk Wood* – sef nad yw'r awdur yn feirniadol o'i gymeriadau, waeth beth yw eu ffaeleddau. O dan ddylanwad Anghydffurfiaeth, tuedd llenyddiaeth Gymraeg oedd rhannu pobl yn bobl Buchedd A – selogion y capel, a phobl Buchedd B – selogion y dafarn. Mae hon yn nodwedd, er enghraifft, o nofelau T. Rowland Hughes, yn ddiddorol ddigon, y cynhyrchydd radio cyntaf i awgrymu wrth Dylan y dylai ysgrifennu drama fydryddol ar gyfer y radio. [11] Ni fyddai rhywun yn disgwyl yr agwedd honno gan Dylan Thomas, mae'n debyg, ond nid troi pethau wyneb i waered a wnaeth chwaith, a defnyddio'i ddrama i ymosod ar y Gymru Biwritanaidd â gordd. Oes, mae yna 'Thou Shalt Not' uwchben y gwely, ond nid pregethwr tân a brwmstan yw'r Parchedig Eli Jenkins. Ef, wedi'r cyfan, biau'r geiriau 'We are not wholly bad or good/Who live our lives Under Milk Wood', ac er symled y dweud, mewn gwirionedd mae'n grynodeb digon teg o farn yr awdur o'i gymeriadau hefyd. Mae mwy nag ychydig o Dylan Thomas yn y Parchedig Eli Jenkins.

Ac yn ei amharodrwydd i feirniadu ei gymeriadau am eu ffaeleddau, onid oes gan Dylan Thomas wersi i'w dysgu i ni heddiw hefyd? Ar un wedd mae'n cymdeithas ni heddiw yr un mor foesol feirniadol â'r Gymru Biwritanaidd. Nid poeni am yr hyn ddywed y cymdogion mae pobl bellach, ond poeni am yr ymateb i'w hymddygiad ar Facebook neu Twitter. Efallai na fyddai bywyd rhywiol Polly Garter yn codi cymaint o aeliau heddiw, ond pe byddai hi'n meiddio troi at y wladwriaeth les am help i fagu llond y tŷ o blant â thadau gwahanol, gallai ddisgwyl cael ei beirniadu ar dudalennau'r papurau tabloid. Un o ffenomenau'r oes yw'r hyn y mae rhai'n cyfeirio ato fel y 'Sidebar of Shame': rhestr ddyddiol ar wefan y *Daily Mail*, un o wefannau mwyaf poblogaidd y dydd, o'r ffyrdd y mae menywod enwog wedi tramgwyddo drwy fagu pwysau, er enghraifft neu wisgo'r dillad 'anghywir'. Mae ein gallu ni i feirniadu'n cyd-ddyn a'r ffordd y maen nhw'n dewis byw eu bywydau yn rhan ohonon ni o hyd.

Wrth gwrs, pentref delfrydol yw Llareggub hefyd. Dywed yr archyfwr Mr Cherry Owen wrth ei wraig fod ganddi ddau ŵr: un yn sobor a'r llall yn feddw, a'i hateb hi yw: 'And aren't I a lucky woman? Because I love them both.' Ond ni all unrhyw un sydd wedi darllen hunangofiant Caitlin Thomas beidio â bod yn ymwybodol o'r niwed a wnaed i fywydau'r teulu Thomas gan ddefnydd peryglus y fam a'r tad o alcohol. Un o frawddegau cofiadwy'r ddrama yw 'I'm Jonah Jarvis, come to a bad end, very enjoyable', ond er i fywyd Dylan ei hun ddod i ben mewn ffordd dra amharchus yn ôl safonau'r oes, go brin fod 'enjoyable' yn ansoddair addas i ddisgrifio'i ddyddiau olaf yn yr ysbyty yn Efrog Newydd.

Ond rywsut, yr oedd ar Gymru'r 1950au angen Dylan Thomas ac ychydig o agwedd Mr a Mrs Cherry Owen. I lawer, cynrychiolai ryddid: yr oedd wedi camu allan o'r Gymru Biwritanaidd ac wedi byw bywyd fel yr oedd ef am ei wneud. Wedi ei farwolaeth, dywedodd Henry Treece hyn amdano:

> Dylan Thomas was remarkable (apart from being a genius) in that he was a rare example not so much of the Literary Bohemian as of the common-or-garden scallywag, the Young Rip we all envy and wish we could be, but dare not. The enormous majority of us 'grow up', get old and anxious and responsible ... But Dylan just remained himself. [12]

Ond wrth ddarllen gwaith Dylan Thomas yn 2014, rydym ni hefyd yn edrych yn ôl ar oes wahanol. Gyda'r tafarndai'n cau am fod pobl yn aros gartref yn yfed cwrw rhad o'r archfarchnad, neu'n cyfrif unedau o alcohol mewn ymdrech i gadw at gyngor iechyd diweddaraf y llywodraeth, mae'n hawdd cael ein swyno gan y syniad o ymweld â'r Sailor's Arms, sydd wastad ar agor. Os oedd Abertawe plentyndod Dylan Thomas wedi diflannu gyda'r Ail Ryfel Byd, felly hefyd Gymru Under Milk Wood erbyn hyn. Ond, bois bach, mae edrych 'nôl arni'n hwyl. Ac mae'r gair olaf y tro hwn i Hywel Teifi Edwards: 'Ni raid ond ymwybod ag iasau'r cnawd truan a digrifwch ei stranciau yng ngafael amser i fod yn un â byd Under Milk Wood.

Llwyddodd Dylan Thomas i angerddoli â'i hiwmor osodiad Nantlais mai "Rhyw deid yn dod miwn, a theid yn mynd ma's" yw bywyd'.[13]

1   Mewn llythyr at Glyn Jones yn 1934, yn Ferris (gol.), *Dylan Thomas: The Collected Letters* (J. M. Dent, 1985), t.96

2   Gw. John Goodby, *The Poetry of Dylan Thomas: Under the Spelling Wall* (Liverpool University Press, 2013)

3   Peter Davies, *A Greenwich Student Guide to Dylan Thomas* (Greenwich Exchange, 2005), t.87

4   Peter Davies, *A Greenwich Student Guide to Dylan Thomas*, t.89

5   *Y Genhinen*, Cyfrol IV, Gwanwyn 1954

6   Dyfynnir yn Gwen Watkins a Jeff Towns (goln.), *Vernon Watkins on Dylan Thomas and Other Poets and Poetry* (Parthian, 2013), t.111

7   Gw. John Goodby, *The Poetry of Dylan Thomas: Under the Spelling Wall*, t.456

8   Aneirin Talfan Davies, *Gyda Gwawr y Bore* (Llyfrau'r Dryw, 1970), t.17

9   Gw. Paul Ferris, *Dylan Thomas: The Biography* (arg. newydd., Y Lolfa, 2006), t.173

10 Hywel Teifi Edwards, 'O'r Pentre Gwyn i Llaregyb', yn M. Wynn Thomas (gol.), *DiFfinio Dwy Lenyddiaeth Cymru* (Gwasg Prifysgol Cymru, 1995), t.27

11 Gw. y rhagarweiniad yn Walford Davies a Ralph Maud (goln.), *Under Milk Wood: The Definitive Edition* (Phoenix, 2000), t.xvi

12 Dyfynnir yn *Dock Leaves*, Gwanwyn 1954

13 Hywel Teifi Edwards, 'O'r Pentre Gwyn i Llaregyb', yn M. Wynn Thomas (gol.), *DiFfinio Dwy Lenyddiaeth Cymru*, t.35

Mwy na Bardd

Gan fod gwaith llenyddol Dylan Thomas wedi parhau yn boblogaidd yn y trigain mlynedd ers ei farwolaeth, ni phylodd ei enwogrwydd, yng Nghymru yn sicr. Ond mae'n rhaid cydnabod rôl personoliaeth Dylan – a'r elfennau ohoni a anfarwolwyd yn y dychymyg cyhoeddus – yn yr enwogrwydd hwnnw. Byddai hyn yn achos gofid i bobl fel Vernon Watkins ac Aneirin Talfan Davies, dau ffrind a oedd am gofio amdano fel bardd difrifol, crefyddol hyd yn oed. Wedi ei farwolaeth, lledaenwyd rhagor o straeon am y meddwyn di-drefn, y diddanwr wrth ymyl y bar, a'r gŵr anffyddlon, gan achosi loes i rai o'i gyfeillion (er bod nifer o'r straeon yn rhai gwir). Câi ffrindiau eraill fel Daniel Jones eu blino gan y ceisiadau parhaus am wybodaeth am Dylan gan bobl a oedd – ar adegau – heb ddarllen ei waith hyd yn oed, ond a oedd yn ymddiddori ynddo oherwydd y chwedl. Ar un adeg derbyniodd gerdyn post gan un edmygydd oedd yn cynnwys llun o ddynes yn ei dagrau ar ei gliniau ac arno'r geiriau: 'ANYTHING IN WRITING ABOUT DYLAN THOMAS! I BEG! I IMPLORE!'[1]

Ac felly mae cryn gyfiawnhad dros ddisgrifio Dylan fel 'the first rock star', fel y gwnaeth George Tremlett,[2] yn un peth gan fod y diddordeb yn ei fywyd lawn cymaint â'r diddordeb yn ei waith. Cafodd enwogrwydd mawr yn ei ddydd a bu'n rhaid iddo geisio byw gyda hynny. Bu farw fel seren roc, ar ôl cael ei daro'n wael yn y Chelsea Hotel yn Efrog Newydd, man eiconig yn hanes diwylliant poblogaidd, a'i gysylltiadau ymhen blynyddoedd wedyn â Bob Dylan, Leonard Cohen, Patti Smith a Sid Vicious. Pan fu farw'r canwr Michael Jackson yn 2009, er enghraifft, roedd cryn dipyn o'r manylion yn adlais cyfarwydd i'r rheiny sydd wedi ddarllen am farwolaeth Dylan Thomas: y problemau dibyniaeth a'r pryderon iechyd, rôl y meddyg preifat esgeulus, a'r pwysau a roddwyd ar ddyn bregus i groesi Môr Iwerydd i berfformio er mwyn talu ei ddyledion.

Gellid dweud mai ail hanner yr ugeinfed ganrif oedd oes aur diwylliant poblogaidd Eingl-Americanaidd, ac er na chafodd Dylan Thomas fyw i weld y blynyddoedd hynny, eto i gyd mae'r Cymro o Abertawe yn pontio rhwng ei gyfnod ef a'r hyn a oedd i ddilyn. I nifer, yn yr Unol Daleithiau yn arbennig, daeth â barddoniaeth allan o'r ddarlithfa a'r cylchoedd academaidd sych, a'i phoblogeiddio ar record ac mewn darlleniadau cyhoeddus, gan ddylanwadu nid yn unig ar y genhedlaeth nesaf o feirdd, ond ar bobl greadigol o bob math: dylanwad sy'n para hyd heddiw. Bu'n ffigwr pwysig i nifer o gewri cerddorol yr ugeinfed ganrif, gan gynnwys Robert Zimmerman a ddewisodd dalu teyrnged iddo yn ei enw llwyfan, Bob Dylan, a'r Beatles. Byddai Paul McCartney yn darllen gwaith Dylan Thomas ar y bws ysgol, a dywedodd hefyd mai darllen Dylan Thomas wnaeth i John Lennon ddechrau ysgrifennu.[3] Dim rhyfedd ei fod yn un o'r wynebau ar y clawr mwyaf enwog o'u holl recordiau, *Sgt. Pepper's Lonely Hearts Club Band* (1967). Crëwyd y clawr hwnnw gan yr artist Peter Blake: bu *Under Milk Wood* yn obsesiwn iddo yntau ac yn

2013 agorodd arddangosfa o'i waith yn seiliedig ar y ddrama yn yr Amgueddfa Genedlaethol yng Nghaerdydd.

Ond roedd y perfformiwr yn Dylan yn wrthun i rai o'r bobl agosaf ato. Dywedodd Caitlin Thomas ymhen blynyddoedd: 'Dylan killed himself with false heroics, trying to make the poet more important than his poetry.'[4] Ar ôl ei farwolaeth symudodd hi i'r Eidal, a ganwyd ei mab Francesco Fazio yn 1963 pan oedd hi'n 49 oed. Cafodd frwydr hir ag alcoholiaeth, ac ar ôl rhoi'r gorau i yfed, edrychai yn ôl ar ei bywyd meddwol gyda Dylan â chryn chwerwder. Er bod nifer o sylwebyddion wedi ceisio dadlau nad oedd Dylan yn yfwr trwm cyson, mae ei darlun hi yn ei hunangofiant yn hallt iawn am rôl alcohol yn ei bywyd: 'ours was a drink story,' meddai, 'not a love story.'[5]

Mae'n wir, serch hynny, mai awyrgylch y dafarn oedd hanner yr apêl iddo, yn gymaint â'r alcohol ei hun. Ond pan fyddai'n teimlo'n ansicr am ryw reswm, tueddai i yfed mwy. Roedd ar y perfformiwr angen alcohol mewn rhai sefyllfaoedd. Yn ei lyfr *Dylan Thomas: Portrait of a Friend*, mae Gwen Watkins yn cyfeirio at ddigwyddiad mor gynnar â 1936, pan gafodd Dylan wahoddiad i siarad â chymdeithas lenyddol yng Nghaergrawnt. Teithiodd yno ar y trên, a phan gyfarfu â'r cyfaill o Abertawe a oedd wedi argymell Dylan fel siaradwr gwadd, dywedodd ei fod eisoes wedi yfed deg peint ar hugain o gwrw. Go brin fod yna fwy o wirionedd yn hynny nag oedd yn y deunaw wisgi ar ddiwedd ei oes, ond aeth yn ei flaen i yfed sieri mewn derbyniad cyn y darlleniad, gan sarhau'r gwesteion ac achosi pryder ofnadwy i'r trefnwyr. Ond llwyddodd Dylan rywsut i gyflawni ei orchwyl fel siaradwr, ac roedd y noson yn llwyddiant er gwaethaf popeth.[6] Dyna osod y patrwm a oedd i'w ddilyn ymhen blynyddoedd lawer yn yr Unol Daleithiau, lle roedd y diodydd yn dipyn cryfach na'r cwrw a ffafriai fel arfer. Yn yr Unol Daleithiau, fe oedd *the famous poet Dylan Thomas,* ac roedd hynny'n brofiad gwahanol i fod yng nghwmni ffrindiau a chydnabod gartref yn Nhalacharn neu yn Abertawe. Gwnaeth John Lennon – dyn a wyddai'n iawn sut brofiad yw bod yn enwog – sylw diddorol ymhen blynyddoedd wrth drafod ei ddefnydd ei hun o gyffuriau wrth gyfansoddi: 'It's like saying, "Did Dylan Thomas write *Under Milk Wood* on beer?" What does that have to do with it? The beer is to prevent the rest of the world from crowding in on you.'[7]

Nododd John Malcolm Brinnin allu Dylan i fynd i'w hwyliau er nad oedd ond wedi yfed ychydig bach o gwrw: ond dywedodd hefyd fel y byddai'n defnyddio alcohol a meddwdod fel gwahanfur rhyngddo fe a'r byd: 'intoxication was a kind of licence by which he was able to participate in, and at the same time keep himself responsibly removed from, situations he could not control.'[8] Yn yr Unol Daleithiau, lle roedd Dylan yn gweithio o dan bwysau i geisio gorffen *Under Milk Wood,* roedd trefn ei ddyddiau'n wahanol iawn i'r patrwm sefydlog a ddilynai yn Nhalacharn, ac yn y ddinas nad yw'n cysgu ni fyddai Dylan yn cysgu oriau call, nac yn bwyta prydau bwyd rheolaidd. Cyfrannodd hyn oll at gyflwr gwan ei iechyd cyn ei farwolaeth. Ond cofier hefyd am sylw Arthur Miller amdano, sef ei fod yn ddyn ifanc 'who with a week's abstinence would have been as healthy as a pig'.[9] Mae'n bosib fod yna gryn wirionedd yn hynny.

Bu Arthur Miller a Dylan Thomas yn cymryd rhan mewn trafodaeth ar farddoniaeth a ffilm ar 28 Hydref 1953. Mae rhywfaint o'r sgwrs wedi'i gofnodi yn y gyfrol *Dylan Thomas: The Complete*

Screenplays, ac yn y trawsgrifiad hwn cawn flas ar y disgleirdeb llafar a'r craffter meddwl oedd yn gwneud Dylan gystal cwmnïwr. Mae gan un arall o'r cyfranwyr at y drafodaeth, Maya Deren, theori fod drama mewn ffilm yn llorweddol, tra bod barddoniaeth mewn ffilm yn fertigol. Mae'n sylw sy'n ennyn ymateb dychanol gan Dylan, sy'n nodi – i gyfeiliant chwerthin, wrth gwrs 'I'm all for horizontal and vertical', ond yn ychwanegu nad yw'n deall y theori. Â'r sgwrs yn ei blaen i drafod rhagor ar wahanol theorïau, cyn i Maya Deren ddweud hyn:

> DEREN: I wish mainly to say that I'm a little bit flabbergasted
> at the fact that people who have handled words with such
> dexterity as Mr Thomas and Mr Miller ... should have difficulty
> with such a simple idea as the 'vertical' and the 'horizontal'
> (*applause*).
> THOMAS (*aside*): Here we go up and down again.[10]

Eiliad fach o sgwrs, ond un sy'n rhoi blas i ni o'r ffraethineb chwim y cyfeiriodd cynifer o'i ffrindiau ato.

Mae cynifer o'r rhai a gyfarfu â Dylan Thomas wedi sôn fod rhywbeth am ei gymeriad a gâi effaith arbennig arnynt, ac mae hynny mewn peryg o fynd ar goll, efallai, wrth ddarllen rhai o'r ffeithiau moel am ei fywyd, neu wrth gofio amdano fel y diddanwr yn mynd i hwyl yn y dafarn. Nododd Vernon Watkins a Bert Trick yr argraff a wnaeth Dylan pan wnaethon nhw gyfarfod ag ef am y tro cyntaf un, ymhell cyn ei fod yn enwog. Mae'n werth rhestru rhai o'r dyfyniadau gan ei gydnabod amdano, a nodi'r cyfeiriadau at grefydd: dywedodd ei gyfaill o ddyddiau Abertawe, y Parchedig Leon Atkin, 'I would sooner spend an hour in the company of Dylan Thomas, than an eternity with some of the professing Christians that I have suffered under.'[11] Yn ôl Aneirin Talfan Davies, a gydweithiodd gyda Dylan ar gynifer o ddarllediadau:

> I rather remember Dylan as a friendly chap whom one loved, rather than remember all this business about his drinking and womanizing and all the rest of it. I'd prefer to remember the man who was full of love for his fellow man, for his neighbour, which is the essence of religion again.[12]

A dyma John Malcolm Brinnin:

> One of the most beguiling things about Dylan's social character was the spell-like illusion of intimacy he would cast upon anyone who came near. The greatest of his gifts was the human touch – an exercise of sympathy so natural, so effortless, and constant that his life seemed sometimes to be the furious denial of a saintliness he could not hide.[13]

Mae nodi pwysigrwydd personoliaeth Dylan hefyd yn adfer lle ei fam, Florence, yn y stori. Nid yw'r cyfrolau academaidd am waith Dylan yn aml yn ei henwi hyd yn oed, er bod pawb, wrth reswm, yn sôn am ddylanwad D. J. Thomas, yr ysgolfeistr dysgedig. Ond yn ei bersonoliaeth, yn ei hynawsedd, ac yn ei awch at fywyd a'i gariad at eraill, roedd yn fab i'w fam. Yng ngeiriau J. Oliver Stephens, cyfaill i Florence a nifer o'i pherthnasau, 'etifeddodd Dylan nid yn unig wynepryd a gwallt cyrliog ei fam Florrie eithr hefyd ysbryd bywiog a chymdeithasgar ei theulu'.[14]

Nododd Pamela Hansford Johnson fod gan Florence 'a delightful sense of the ridiculous,'[15] rhywbeth sydd mor nodweddiadol o ryddiaith Dylan Thomas. Er nad oedd Caitlin Thomas a'i mam yng nghyfraith yn gweld lygad yn llygad o hyd, gan fod y ddwy mor gwbl wahanol i'w gilydd, roedd hi hefyd yn fodlon cydnabod pwysigrwydd Florence: 'She was the most sympathetic, good-natured, cosy person, and all the nicest, warmest, friendliest things in Dylan came directly from his mother. She was, in fact, a female replica of Dylan, with only one insignificant omission: his brains.'[16]

Dywedodd Daniel Jones yr un peth: roedd yr elfennau o'i bersonoliaeth a oedd mor annwyl gan ei ffrindiau yn dod gan Florence, a dyma'r pethau a'i gwnaeth yn ddyn mor enillgar.[17] Yn ôl Oscar Williams, a weithredai fel asiant o fath iddo yn yr Unol Daleithiau:

> I think he gave people a tremendous sense of existence, and joy in existence. And the reason so many people loved him is that he recognised, I believe, their human condition as such ... He loved human beings ... it's one of the reasons why he became such a fabulous figure. Because whenever he met anybody at all, they loved him for the love that he gave them.[18]

Dyma sylw'r cyfansoddwr mawr Igor Stravinsky, a oedd i fod i ddechrau gweithio ar opera gyda Dylan yn 1953: 'As soon as I saw him I knew that the only thing to do was to love him.' Pan dderbyniodd telegram yn ei hysbysu am ei farwolaeth, torrodd i grio.

Nododd un arall o gynhyrchwyr y BBC, Philip Burton, y tyndra rhwng y bardd a'r perfformiwr: 'if a third person walked into a room, the poet was pushed into a corner and the performer stepped forward ... Even though he wasn't a religious man in the orthodox sense, he was a truly religious man in that he saw his life in the context of Eternity. He was always concerned with the ultimates, with the absolutes. And this to me is religion.'[19]

Sut fyddai Dylan Thomas yn ymateb heddiw, tybed, pe bai'n gweld yr holl sylw sy'n cael ei roi iddo yn ystod canmlwyddiant ei eni? Sut fyddai'n ymateb o wybod fod Llywodraeth Cymru (ffaith a fyddai'n rhyfeddod iddo ynddi'i hun) yn gyfrifol am flwyddyn o weithgaredd swyddogol, ynghyd â noddwr brenhinol? A fyddai'n falch hefyd o weld ei bod hi'n bosib prynu cwrw Organ Morgan a Jack Black gan fragdy Brains, bod ei wyneb ar fagiau plastig a rhai o'i ddyfyniadau enwocaf ar gardiau cyfarch? Yn un peth, byddai'n synnu. Mae llythyr yng nghasgliad y Llyfrgell Genedlaethol a ysgrifennodd Dylan yn 1946 at edmygydd o'r enw Mary Jones yn nodi ei ymateb ar ôl clywed ei bod hi wedi bod yn ymchwilio i'w wreiddiau yn yr Uplands, y cyntaf o filoedd o bererinion llenyddol ar drywydd y bardd enwog: 'I'm more than flattered that you've been looking to see where I used to live: I'm overcome! I used to live in number 5 Cwmdonkin Drive. Throw a stone of remembrance at the windows, if ever you pass it.'

Gwnaed gormod o waith adfer gofalus i 5 Cwmdonkin Drive i argymell taflu cerrig at y ffenestri heddiw. Ond mae'n dda gwybod ei fod yn gwerthfawrogi'r sylw i'w orffennol.

A beth am ei ymateb i'r fytholeg? Wel, fe yn fwy na neb osododd y seiliau ar gyfer y ffigwr chwedlonol. Dyma sut y cyflwynodd ei hun o flaen cynulleidfa yn Rhufain yn 1947: 'One: I am a Welshman; two:

I am a drunkard; three: I am a lover of the human race, especially of women.'[20] Dywedodd y byddai'n marw'n ifanc, ac fe ddigwyddodd hynny, gan ychwanegu elfen arall at y fytholeg. Ond fel un a oedd yn ei adnabod ei hun yn well na neb, ac a oedd yn fwy na pharod i gydnabod ei ffaeleddau, tybed na fyddai'n gweld effaith negyddol y fytholeg honno yn ystod ei oes? Dywedodd ei gariad selog cyntaf, Pamela Hansford Johnson, am y chwedl: 'Of course, he wove his own exactly like weaving a cocoon around himself, till he got very much trapped in the legend.'[21] Ac am ddyn a oedd mor hoff o'r ddynoliaeth, nid oedd bob amser mor hoff ohono'i hun. Dyma eiriau Daniel Jones yn ei lyfr am ei gyfaill: 'I had to lay the ghost to raise up the man; this would have Dylan's approval, I think. Dylan did not like himself very much; he would have liked his myth even less.'[22]

Pa un a yw hynny'n wir ai peidio, mae'r chwedl yma i aros. Ond mae'r llenyddiaeth yma i aros hefyd, ac os yw'r holl sylw a roddir i ganmlwyddiant 2014 yn llwyddo i berswadio rhagor o bobl o fawredd Dylan Thomas y llenor, bydd wedi cyflawni nod anrhydeddus.

1   Daniel Jones, *My Friend Dylan Thomas* (J. M. Dent, 1977), t.85

2   George Tremlett, *Dylan Thomas: In the Mercy of his Means* (Constable, 1991), t.158

3   The Beatles, *The Beatles Anthology* (Cassell & Co, 2000), tt. 18, 158

4   Caitlin Thomas, *My Life with Dylan Thomas: Double Drink Story* (adarg., Virago, 2012), t.5

5   Caitlin Thomas, *My Life with Dylan Thomas: Double Drink Story*, t.169

6   Gwen Watkins, *Dylan Thomas: Portrait of a Friend* (arg. newydd, Y Lolfa, 2005), tt.50–4

7   The Beatles, *The Beatles Anthology*, t.194

8   John Malcolm Brinnin, *Dylan Thomas in America* (ail arg., J. M. Dent, 1957), t.40

9   Arthur Miller, *Timebends: A Life* (adarg., Minerva, 1996), t.514

10 Dyfynnir yn John Ackerman (gol.), *Dylan Thomas: The Complete Screenplays* (Applause Books, 1995) tt.406–8

11 David N. Thomas (gol.), *Dylan Remembered: Volume One 1914–1934* (Seren: 2003), t.138

12 David N. Thomas (gol.), *Dylan Remembered: Volume Two 1935–1953* (Seren, 2004), t.146

13 John Malcolm Brinnin, *Dylan Thomas in America*, t.25

14 *Y Genhinen*, Cyfrol IV Gwanwyn 1954, Rhif II

15 Pamela Hansford Johnson, *Important to Me: Personalia* (Macmillan, 1974), t.144

16 Caitlin Thomas, *My Life with Dylan Thomas: Double Drink Story* (adarg., Virago, 2012), t.138

17 Daniel Jones, *My Friend Dylan Thomas*, t.10

18 David N. Thomas (gol.), *Dylan Remembered: Volume Two 1935–1953* tt.216–17

19 David N. Thomas (gol.), *Dylan Remembered: Volume Two 1935–1953*, tt.142–43

20 Dyfynnir yn John Ackerman (gol.), *Dylan Thomas: His Life and Work* (Oxford University Press, 1964) t.1

21 Dyfynnir yn David N. Thomas (gol.), *Dylan Remembered: Volume Two 1935–1953*, t.154

22 Daniel Jones, *My Friend Dylan Thomas*, t.94

Llyfryddiaeth ddethol

Dyfynnwyd gweithiau Dylan Thomas o'r cyfrolau canlynol:

Dylan Thomas: Collected Poems 1934–53, edited by Walford Davies and Ralph Maud (new edition; Phoenix, 2000) ©The Trustees for the Copyright of Dylan Thomas

Dylan Thomas: The Complete Screenplays, edited by John Ackerman (Applause Books, 1995) ©The Trustees for the Copyright of Dylan Thomas

Dylan Thomas: The Broadcasts, edited by Ralph Maud (J. M. Dent, 1991) ©The Trustees for the Copyright of Dylan Thomas

Dylan Thomas: *Under Milk Wood: The Definitive Edition*, edited by Walford Davies and Ralph Maud (Phoenix, 2000) ©The Trustees for the Copyright of Dylan Thomas

Dylan Thomas: *Collected Stories*, edited by Walford Davies (new edition; Phoenix, 2003) ©The Trustees for the Copyright of Dylan Thomas